Brian Sewell

PAWLOWA

oder Wie man eine Eselin um die halbe Welt schmuggelt

Roman

Aus dem Englischen
von Claudia Feldmann

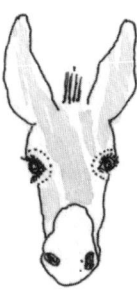

Insel Verlag

Die Originalausgabe erschien 2015 unter dem Titel
The White Umbrella bei Quartet Books, London.

3. Auflage 2017

Erste Auflage 2017
© der deutschen Ausgabe Insel Verlag Berlin 2017
Text © Brian Sewell, 2015
Illustrationen © Sally Ann Lasson, 2015
Druck: CPI – Ebner & Spiegel, Ulm
Printed in Germany
ISBN 978-3-458-17700-5

Geschrieben mit Hoffmanns Nicklausse zur
einen Seite, Blaise Cendrars zur anderen und immer
noch einem schlechten Gewissen wegen jenes
Esels in Peschawar.

Inhalt

I
Mr B rettet ein Eselfohlen

Mr B, ein drahtiger kleiner Mann von fünfzig Jahren mit weißem Haar, saß auf dem Rücksitz eines großen weißen Landrover, als er den Esel sah. Es war früher Abend, und der dichte Feierabendverkehr in Peschawar bewegte sich nur im Schneckentempo vorwärts – was auch gut war, denn Mr B öffnete plötzlich die Tür, sprang auf die Straße und verschwand ohne ein Wort zwischen den Karren und Lieferwagen, den Bussen und Motorrädern.

Seine Gefährten, ein Fernsehteam aus London –
denn Mr B war im nördlichen Pakistan, um einen Film
über die Vorgeschichte dieses Landes zu drehen –, waren überrascht. Dominic, der Jüngste und Unwichtigs-
te, aber auch der Größte und Gelenkigste von ihnen,
besaß die Geistesgegenwart, ebenfalls aus dem Auto
zu springen und Mr B hinterherzulaufen. Sie moch-
ten Mr B nicht besonders. Er nahm seine Arbeit ernst
und wusste eine Menge über antike Geschichte, aber
er begriff nicht, dass sein Wissen bei der Produktion
von Fernsehdokumentationen niemanden interessierte
und dass er als Moderator lediglich die Marionette des
Regisseurs und des Kameramanns war.

Bereits zwei Tage nach der Ankunft in Pakistan sprachen sie kaum noch miteinander. Der Kameramann
wollte nur die bunt bemalten Laster und Transporter
filmen, die unablässig vorbeidonnerten, besetzt mit Pas-
sagieren, die sich an allem festhielten, was sich ihren
Händen oder Füßen bot. Wenn ihnen ein Büffel oder
ein Kamel über den Weg lief, befahl der Regisseur Mr B
sofort, auf dessen Rücken zu klettern; außerdem nötigte
man ihn, das Essen von allen möglichen Straßenstän-
den zu kosten und auf diversen Musikinstrumenten
zu spielen. Mr B hingegen, der wusste, dass zweitau-
senddreihundert Jahre zuvor Alexander der Große, der
ruhmreichste Held der Geschichte der griechischen Antike, seine Armeen den ganzen weiten Weg von Mazedonien nach Pakistan geführt hatte, wollte erforschen,
ob in der heutigen Sprache, Kultur und Tradition noch
immer Spuren dieser Eroberung existierten. Vor allem
aber hätte er gerne in den abgelegeneren Regionen des

Hindukusch einen stolzen pakistanischen Krieger gefunden, der in der Lage war, sich mit ihm auf Altgrie-
chisch zu unterhalten. Doch in den vergangenen zwei
langen Wochen hatte man Mr B nicht gestattet, etwas
in der Art zu finden, und mittlerweile platzte er beinahe
vor Ärger und Enttäuschung.

Allein dass sie ihn Mr B nannten, zeigte schon, welche Kluft sich zwischen ihnen aufgetan hatte. Da sie
höchst unfreundliche Gefühle für ihn hegten, wollten sie seinen Vornamen nicht benutzen, und ihn mit
dem Nachnamen anzusprechen, hätte womöglich den
Schluss nahegelegt, dass sie ihm wegen seines Wissens
großen Respekt entgegenbrachten, was nun wirklich
nicht zutraf. Es war der junge Dominic – der ihn tatsächlich mochte und respektierte und sehr gut verstand,
wie schmerzhaft es für ihn sein musste, zuzusehen, wie
der Film, den er sich vorgestellt hatte, sich zusehends
in Luft auflöste –, der ihn als Erster mit Mr B angeredet
hatte, und die anderen hatten es dann übernommen.
Ihn Mr B zu nennen, war nicht offen feindselig, aber es
zeugte von einer gewissen Distanz, und Dominic gelang
es, diese glaubwürdig zugetan wirken zu lassen.

Als Dominic Mr B eingeholt hatte, stand dieser neben einem kleinen Esel, hatte den Arm um dessen Hals
gelegt und tupfte mit seinem Taschentuch das Blut von
vier tiefen Wunden im Rücken des Tieres. Sie stamm-
ten von einer Art Sattel aus Weidenruten, der in Pakistan verwendet wird, um eine ebene Ladefläche für die
gewaltigen Lasten zu haben, die die Esel dort häufig
tragen müssen. Doch dieser Esel, das sah Dominic sofort, war noch viel zu jung zum Arbeiten. Außerdem

sah Dominic, dass Mr B mächtig wütend war. »Ich wette, die Kleine ist noch nicht mal ein halbes Jahr alt. Vielleicht wird sie sogar noch von ihrer Mutter gesäugt. Jeder Dummkopf kann sehen, dass ihre Knochen und Gelenke noch nicht ausgewachsen sind!«

In diesem Moment kamen der dicke Regisseur und der Kameramann schwitzend und keuchend angelaufen. Dominic erklärte die Situation. »Lassen Sie den Esel und steigen Sie wieder ins Auto«, verlangte der Regisseur. »Nicht ohne die Eselin«, sagte Mr B. »Ich kann und werde sie nicht einfach hier zurücklassen.« Während sie stritten, wurden ihre Stimmen immer lauter, und um sie herum bildete sich ein Ring aus verständnislosen Zuschauern. Es wäre vernünftig gewesen, die kleine Eselin ihrem Schicksal zu überlassen und nach Islamabad weiterzufahren, von wo sie am nächsten Tag nach London zurückfliegen würden, doch Mr B war kein vernünftiger Mann – im Gegenteil, wenn man ihn provozierte, konnte er ausgesprochen unvernünftig sein. »Wir fahren ohne Sie«, drohte der dicke Regisseur. »Nur zu«, erwiderte Mr B erstaunlich klar und entschlossen. Der Kameramann nahm seinen Arm, doch Mr B schüttelte ihn ab. »Was werden Sie tun, wenn wir Sie hier zurücklassen?«, fragte Dominic leise. »Zu Fuß nach Hause gehen«, sagte Mr B. »Mit der Eselin.« Und er lächelte übers ganze Gesicht.

Eine ganze Stunde lang rangen sie miteinander, und die Menge, die sich langweilte, weil niemand zu Tode kam oder auch nur verletzt wurde, löste sich auf, bis nur noch Mr B und das Fernsehteam zurückblieben. Es wurde dunkel, doch nicht einmal die abendliche

Kälte konnte Mr Bs Entschlossenheit etwas anhaben. Schließlich holte Dominic Mr Bs Gepäck aus dem Auto und half ihm, nur das Nötigste davon in einen kleinen, bequemen Rucksack zu packen, der Mr B schon auf vielen Reisen und Wanderungen begleitet hatte: seinen Waschbeutel, eine Nagelschere, ein noch unbenutztes Notizbuch, ein paar Stifte und Kleider, die ihn warm und trocken halten würden. Dominic dachte auch daran, Mr B seinen Schirm zu bringen – und das war kein gewöhnlicher Schirm. Er bestand aus festem weißem Leinen, einem sorgsam verarbeiteten Metallgestänge und einem schweren, auch zum Wandern verwendbaren Holzstock, und er hatte ihn sich zehn Jahre zuvor nur einen Steinwurf vom British Museum entfernt anfertigen lassen, von der Firma James Smith und Söhne (und Enkel und Urenkel und so weiter, denn ihren ersten Schirm hatten sie im Jahr 1830 hergestellt, dem Jahr, als Wilhelm IV. auf den Thron kam). Der Stoff war nicht mehr weiß, denn dieser Schirm hatte bereits die Sahara und ihre Sandstürme erlebt, als Mr B dort nach Spuren prähistorischer menschlicher Besiedlung gesucht hatte, und er war mit ihm in Pompeji und im hintersten Winkel Siziliens gewesen, ja, im Grunde überall zwischen Barcelona und Bagdad, und er hatte sich als der Rolls-Royce aller Schirme erwiesen.

»Was sollen wir den Leuten sagen, wenn wir wieder in London sind?«, fragte der Regisseur, der immer noch nicht recht glauben mochte, dass sich ihre Wege hier trennten.

»Die Wahrheit: dass ich eine kleine Eselin gefunden habe und mit ihr zu Fuß nach Hause gehe.«

»Sie sind verrückt«, sagte der Regisseur.

»Mag sein«, sagte Mr B. »Aber es ist eine anständige Art von Verrücktheit, zu der Sie nicht fähig sind. Wir sehen uns dann in einem Jahr oder so.«

Worauf der Regisseur schroff erwiderte: »Von mir aus können Sie bleiben, wo der Pfeffer wächst. Sie und ihr verdammter Esel.«

Dominic, der als Letzter zum Landrover zurückging, umarmte Mr B zum Abschied und flüsterte: »Ich sage dem Außenministerium Bescheid – und natürlich Mrs B.«

II

Faruk der Apotheker

D a stand Mr B nun und zitterte ein wenig in der Kälte, die abends vom Himalaya auf Peschawar herabsinkt. Denn obwohl es dort tagsüber für einen Engländer glühend heiß sein kann, sind die Nächte so kalt wie in seiner Heimat zu Weihnachten. Die ganze Zeit über hatte das Eselfohlen dicht bei ihm gestanden und sich an seinen Oberschenkel geschmiegt, wie es große Hunde oft bei ihrem Herrchen tun. Als er spürte, dass die kleine Eselin ebenfalls zitterte, nahm er seine warme, winddichte Jacke aus dem Rucksack, legte sie ihr um und knotete die Ärmel um ihren Hals, so dass zumindest ihre Schultern bedeckt waren. Dann zog er den Gürtel aus seiner Hose, der vom langjährigen Tragen ganz weich war, und schlang ihn ebenfalls um ihren Hals, wie ein Hundehalsband mit Leine. Alle Geschäfte hatten mittlerweile geschlossen, nur eines, das sich mit leuchtend heller Schrift als APOTHEKE auswies, war noch geöffnet, und das war genau das, was Mr B brauchte.

Er und die Eselin überquerten die Straße und blieben höflich vor der Tür stehen, denn Mr B nahm an, dass ein Apotheker vielleicht nicht so gerne einen Esel in seinem Geschäft haben wollte. Als er versuchsweise »Guten Abend« in den Eingang rief, kam ein alter Mann mit sorgfältig gestutztem Bart zur Tür. Mr B erklärte ihm, dass er etwas brauchte, um die vier Wunden auf dem Rücken der Eselin zu desinfizieren, und dann noch etwas, um diese während der Heilung vor den Fliegen zu schützen. Der alte Mann schmunzelte. Er war so alt, dass er sich noch an die Zeit erinnern konnte, als Pakistan und Indien ein großes, ungeteiltes Land waren und zum Britischen Weltreich gehörten. Er war so alt, dass er Schulen besucht hatte, die so englisch gewesen waren wie jede damalige Schule in England selbst, und sein Englisch war ebenso gebildet, korrekt und präzise wie das von Mr B. Und er war so alt, dass er sehr genau wusste, wie beharrlich die Engländer in ihrer Tierliebe sein konnten.

Sein Name war Faruk, was Mr B sehr erheiterte, denn er war in der Torheit seiner Jugend einmal einem entthronten ägyptischen König begegnet, der genauso hieß. Doch er begriff, dass diese Geschichte hier nichts zur Sache tat, und behielt seine Erinnerung für sich.

Faruk wies Mr B an, die Eselin um den Häuserblock herum zu seiner Hintertür zu führen, wo das baufällige Geschäft in einen Schuppen überging, der ihm als Lager diente; dort würde er sich um ihre Wunden kümmern.

Er säuberte sie vorsichtig, nähte sie geschickt mit ein paar Stichen (wobei die Eselin keinen Laut von sich gab – aber Tiere wissen ja oft instinktiv, wann Menschen ihnen Gutes wollen, selbst wenn es wehtut) und klebte Pflaster darüber, um die Fliegen fernzuhalten. Er vermutete, dass sie erst drei oder vier Monate alt war, ganz sicher noch die Milch ihrer Mutter brauchte und niemals hätte Lasten tragen dürfen. Und dann kam die Überraschung: »Ihnen ist ja sicher klar, dass sie noch viel zu jung ist, um viertausend Meilen zu gehen. Sie werden sie tragen müssen.« Obwohl er dies mit einem Lachen in der Stimme und in den Augen sagte, war es ihm vollkommen ernst.

Faruk war Mr Bs erster Glücksfall. Nachdem er die Eselin verarztet hatte, stellte der Apotheker ihm eine Liste mit Dingen zusammen, die sie fressen durfte, und eine mit Dingen, die ihr nicht bekommen würden. Er erklärte ihm, wie viel Wasser sie trinken sollte, und zwar sauberes Wasser aus einem Eimer, nicht schmutziges Wasser aus einer Pfütze. Und er sagte Mr B, dass sie möglichst im Schatten gehen sollte – wie sie in der Natur ja auch im Schatten ihrer Mutter gehen würde –, nicht mehr als fünf Meilen am Tag, und diese fünf Meilen niemals an einem Stück. Es gab noch weitere Anweisungen, zum Beispiel dass sie nachts eine Decke brauchte, damit sie nicht fror, etwas Wetterfestes, damit sie bei Regen und Sturm nicht nass wurde, und vielleicht einen Hut, damit ihr Kopf nicht der Sonne ausgesetzt war. Die Liste wurde immer länger, und allmählich dämmerte Mr B, dass seine ursprüngliche Vorstellung – sie trug sein Gepäck, während er den Schirm über sie beide hielt, und sie schafften zwanzig Meilen am Tag – himmelweit von der Wirklichkeit entfernt war.

»Woher wissen Sie so viel über Esel?«, fragte Mr B.

»Ach, ich bin so alt, ich stamme aus einer Zeit, als es noch nicht überall Autos gab. Damals hatte jede Familie einen oder zwei Esel, und wir Kinder mussten uns um sie kümmern. Meine Mutter hat ihre Einkäufe immer auf einem Esel erledigt, und als meine Brüder und ich noch klein waren, haben wir oft vor ihr gesessen, wenn sie zum Markt geritten ist. Damals war die Luft in Peschawar viel sauberer, aber für Esel war das Leben oft hart und kurz, denn fast alle mussten viel zu schwer arbeiten. Wenn es Ihnen gelingt, Ihre Eselin nach England zu bringen, wird sie vielleicht dreißig Jahre lang Ihre Gefährtin sein. Unsere Esel wurden meistens etwa zehn Jahre alt, aber manche mussten so sehr schuften, dass sie schon nach fünf Jahren starben.«

»Sie halten mich sicher für verrückt«, sagte Mr B.

»Keineswegs«, erwiderte Faruk mit einem Schmunzeln, während er sich daranmachte, aus plattgedrückten Kartons und anderem Verpackungsmaterial ein Nachtlager für die Eselin zu bereiten. »Vielleicht für ein wenig exzentrisch. Jetzt gebe ich ihr, was ich an Obst und Gemüse dahabe, und auch wir müssen etwas zu Abend essen.«

Faruk wohnte über dem Geschäft, und er lebte allein, denn seine Frau war schon vor vielen Jahren gestorben, und seine Söhne hatten Besseres zu tun, als eine Apotheke zu führen, die rund um die Uhr geöffnet war. »Das ist mein Beruf«, sagte er, als Mr B ihn vorsichtig fragte, warum er mit achtzig Jahren noch so viele Stunden arbeitete. »Was soll ich denn sonst tun? Und dieses Gespräch führen wir überhaupt nur, weil ich diesen Service anbiete. Ist das nicht gut? Ist das nicht besser für Sie, als wenn Sie vor verschlossener Tür gestanden und nicht gewusst hätten, was Sie mit Ihrer armen kleinen Eselin bis zum Morgen tun sollen?« Dann bot er Mr B ein Bett an, doch der hatte bereits beschlossen, dass er die Nacht lieber bei seiner neuen Gefährtin verbringen würde, sofern Faruk das nicht als Beleidigung auffasste. Und so streckte er sich neben der Eselin im Schuppen auf den Kartons aus, wie er es in Wimbledon, dem Vorort von London, wo er wohnte, mit seinen Hunden machte, nur dass sie da alle in seinem großen, bequemen Bett lagen.

Mr B wurde früh wach, mit Schmerzen in allen Gelenken, und als die Eselin hörte, dass er sich rührte, stand sie ebenfalls auf, wenn auch ein wenig schwankend. Er bemerkte, dass sie nur aus Haut und Knochen bestand, und als er mit der Hand über ihr Fell strich, konnte er jede einzelne Rippe fühlen. Auf ihren wackeligen, geradezu absurd langen Beinen saß ein Körper, der kaum größer war als der eines Schäferhunds. Er maß alle Tiere anhand der großen Schäferhündin, die zu Hause auf ihn wartete, und als er die Eselin hochhob (was ihr nichts auszumachen schien), fand er, dass sie auch ungefähr gleich schwer waren. Draußen im hellen Morgenlicht sah er, wie hübsch sie war; ihr Fell war weich und seidig wie das eines Windhunds – und er hatte auch einen Windhund zu Hause, genau in der gleichen Farbe wie die Eselin, wie ein sehr heller Milchkaffee. »Mit deinen langen Beinen könntest du glatt eine Ballerina werden«, sagte er leise. »Und deshalb werde ich dich Pawlowa nennen – Kleine Miss Pawlowa, bis du groß bist.« Seine Gedanken wanderten zu einer anderen Pawlowa, *der* Pawlowa, jener wunderschönen russischen Balletttänzerin, die an dem Tag gestorben war, an dem Mr B das Licht der Welt erblickt hatte, und die immer noch so berühmt ist, dass Ballettfreunde, die viel zu jung sind, um sie auf der Bühne gesehen zu haben, und sie nur von zerkratzten Schwarzweißfilmen kennen, voller Ehrfurcht von ihr sprechen.[*]

Als Faruk mit dem Frühstück für Pawlowa kam – einem frischen Heuballen –, sagte er: »Ich habe gute Neuigkeiten für Sie. Ein Freund von mir fährt morgen nach Quetta, um eine Bestellung für mich abzuholen, und er kann Sie mitnehmen. Das bedeutet für Sie einen Umweg von etwa fünfhundert Meilen, und es zwingt Sie, erst nach Süden und dann nach West-Nordwest zu reisen, aber dafür müssen Sie nur eine Grenze überqueren. Wenn Sie nach Norden gehen, ist die Reise wesentlich kürzer, aber wahrscheinlich werden Sie ein Dutzend Grenzen passieren müssen, und einige da-

---

[*] Bei Anna Pawlowa wird der Name in Ballettkreisen üblicherweise auf der ersten Silbe betont; das nach ihr benannte Dessert hingegen trägt die Betonung auf der zweiten Silbe.

von – vor allem in Afghanistan, Kaschmir und Russland – sind gefährlich und unberechenbar. An jeder davon können Sie verhaftet werden, und wenn man Sie von Ihrer Eselin trennt, bedeutet das fast sicher den Tod für sie.«

Mr B wünschte, er hätte eine Karte. Er hatte zwar eine in seinem Kopf, aber das Einzige, woran er sich deutlich erinnern konnte, war, dass die ausgedehnte, bergige Masse von Afghanistan im Weg lag (und das war für einen Engländer noch nie ein sicherer Ort gewesen). Die Schlichtheit von Faruks längerer Route gefiel ihm, denn sie ersparte ihm nicht nur die mühsame Kletterei und die Eiseskälte des Hindukusch (der nur wenig niedriger war als der Himalaya, in den er überging), sondern er musste auch nur ein Land durchqueren (wenn auch ein recht großes), bevor er zur türkischen Grenze kam, und in der Türkei hatte er Freunde. »Kommen Sie«, sagte Faruk. »Wir müssen für die Reise einkaufen.«

Sie besorgten einen kleinen Plastikeimer, aus dem Pawlowa trinken konnte, zwei flache Wasserflaschen aus Plastik, für den Notfall, und ein Paar einfache Satteltaschen, die aus alten Kelims genäht (und recht hübsch) waren, damit sie ihr Gepäck selbst tragen konnte. Ein Schuhmacher fertigte ein breites ledernes Halsband und eine Leine für sie an. Ein Schneider nähte ihr aus einer schweren Decke eine Art Mantel, arbeitete eine alte Armeeplane zu einem wasserdichten Überwurf um und schnitt ein dickes Schaffell so zurecht, dass es als Sattel dienen konnte. Nie wieder sollte es Löcher in Pawlowas zarter Haut geben. Mr B ruinierte mehrere Strohhüte (die er natürlich bezahlte), bis er raushatte, wo und wie er die Löcher schneiden musste, damit ihre Ohren hindurchpassten, und für sich selbst kaufte er eine große Decke, die er zu einem Kissen falten und mit der er sich und Pawlowa nachts zudecken konnte. Nachdem er noch einen weiteren Heuballen und eine Kiste mit Obst und Gemüse erstanden hatte, war Mr B überzeugt, dass die Reise nach Quetta mühelos und bequem vonstattengehen würde.

Doch das war ein Irrtum. Wieder schliefen sie zusammen im Schuppen, wobei sie ein paar ihrer Neuanschaffungen ausprobierten, und Mr B fühlte sich nicht ganz so eingerostet, als Faruk die beiden sehr früh am Morgen weckte, damit Pawlowa noch ein wenig Bewegung bekam, bevor sie in den Transporter gehoben wurde. Nach dem Frühstück mit Brot und Honig fühlte Mr B sich zu allem bereit – bis er den Transporter sah. Er war sehr alt, sehr rostig und ziemlich klein, einer von der Sorte, wie die britische Armee sie zurückgelassen hatte, als Pakistan 1947 unabhängig geworden war. Pawlowa und Mr B krochen hinten unter die Plane, die über ein Metallgestänge gespannt war und die Ladung zwar einigermaßen vor den Elementen schützte, aber weniger vor dem Staub und den Steinen, die beim Fahren aufgewirbelt wurden.

Mr B machte es sich mit dem Rucksack als Rückenlehne und der zusammengefalteten Decke so bequem wie möglich, während Pawlowa sich auf ihrem Schaffell niederließ und den Kopf auf seinen Schoß legte. Der Fahrer hatte ihr die Beine fesseln wollen, damit sie nicht unterwegs hinaussprang, doch Mr B, der sich vorgestellt hatte, wie unangenehm das für sie sein müsste, hatte es nicht zugelassen. Der Fahrer und sein Freund hatten es vorne natürlich viel bequemer, aber sie dachten gelegentlich daran, dass Pawlowa und Mr B, die auf der Ladefläche durchgeschüttelt wurden, ab und zu aussteigen und sich die Beine vertreten mussten.

Die Fahrt nach Quetta dauerte zwei volle Tage. Der Transporter holperte, rumpelte und schaukelte über eine unbefestigte Straße, die mal über kahle Berge führte und mal durch fruchtbare Flusstäler, die in herbstlicher Fülle der Ernte harrten. Wenn sie an einem Ort vorbeikamen, wo sie Tee und Brot, Obst und Milch kaufen konnten, hielt der Fahrer an und half Mr B, Pawlowa auf die Erde zu setzen, damit sie sich ein wenig bewegen, frisches Brot futtern und sogar einen Eimer frische Milch statt Wasser trinken konnte. An einem dieser Orte, wo der Fahrer und sein Freund wussten, dass sie einen Platz zum Schlafen finden konnten, verbrachten sie die Nacht. Allerdings bestanden ihre Passagiere trotz der bitteren Kälte der Berge darauf, im Transporter unter der Plane zu schlafen. Am zweiten Tag kamen sie erst so spät in Quetta an, dass sie Faruks Lieferanten nicht mehr aufsuchen konnten, und so verbrachten die beiden eine weitere Nacht unter der Plane, aber zuvor genossen sie noch ein fröhliches Abschiedsessen mit dem Fahrer und seinem Freund, in einem Restaurant unter freiem Himmel, wo sich niemand daran zu stören schien, dass ein Esel neben dem Tisch stand.

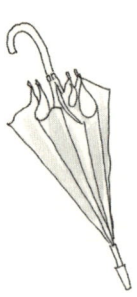

III
Der versehentliche Drogenkurier

Pawlowa schlief auf ihrem dicken Schaffell recht gut, aber Mr B verbrachte eine weitere unbequeme Nacht auf der Ladefläche des Transporters, die so klein war, dass er die Beine nicht ausstrecken konnte, nicht einmal wenn er sich quer hinlegte. Und wenn er sich auf der Seite zusammenrollte, fand er keinen weichen Platz für seine Schulter und seine Hüfte. Außerdem schien der gesamte Boden mit Stahlnieten bedeckt zu sein, die so scharf waren wie Drachenzähne. Als der Fahrer und sein Freund ihn weckten, um sich von ihm zu verabschieden, Faruks Bestellung abzuholen und nach Peschawar zurückzufahren, war er nicht gerade bester Laune. Zwei Tage lang hatten die Hinterräder des Transporters ihn mit Staub und Steinen bombardiert, ebenso lange hatte er weder geduscht noch sich rasiert oder seine Kleider gewechselt, und nun wurden er und Pawlowa mit ihrem Gepäck einfach auf der Straße abgeladen, wo er sich noch nicht einmal kaltes Wasser ins Gesicht spritzen konnte. Stattdessen schlug er sich mit den Händen auf die Wangen, um das Blut ein wenig in Gang zu bringen, fuhr sich mit den Fingern durch das zerzauste Haar, goss den Rest Wasser, den sie noch hatten, in Pawlowas Eimer, und dann frühstückten sie jeder einen Apfel, süß und saftig. Danach fühlten sich zumindest seine Zähne sauber an.

Nachdem er sich so weit hergerichtet hatte, machte er sich auf, um den Markt zu finden und ihre Vorräte aufzustocken – was nicht weiter schwierig war, denn Märkte sind laute, geschäftige Orte, und obwohl er nichts davon merkte, steuerte Pawlowa, deren Nüstern voll freudiger Erwartung zuckten, ihn ganz unauffällig dorthin. Auf dem Markt fand er frische Milch für sie, noch warm von der Kuh, die Pawlowa sofort aus ihrem Eimer trank, und einen frischen Heuballen, der nach Wildblumen duftete und sie für ein, zwei Tage satt machen würde, und sie fanden sogar einen Brunnen, an dem sie ihre leeren Wasserflaschen füllen konnten. Doch Wasser ist schwer, und Obst und Gemüse auch, und so war Mr B mächtig beladen, als schließlich fast alle ihre Einkäufe in Plastiktüten an seinem Rucksack baumelten. Er fühlte sich wie ein Landstreicher, er war so schmutzig wie ein Landstreicher, und nur seinen gut geschnittenen Kleidern und seinem prächtigen Schirm verdankte er es, dass man ihn nicht für einen solchen hielt.

Als Mr B, noch immer im Zentrum der Stadt, nach dem Weg nach Persien fragte, wurde ihm zum ersten Mal bewusst, wie allein er war und wie weit er zu gehen hatte, denn niemand schien ihn zu verstehen. Erst beim fünften oder sechsten Mann, den er ansprach, hatte er Glück, und der brach bei der Frage in schallendes Gelächter aus. »Persien«, sagte er, »ist fünfhundert Meilen weit weg. Fragen Sie lieber nach dem nächsten Ort, der an der Straße dorthin liegt. Oder würden Sie einen Fremden auf dem Trafalgar Square fragen, wie man nach Edinburgh kommt?« Mr B, der überrascht war, mitten im Nirgendwo (wie überraschte Leute das so sagen) einem Mann zu begegnen, der in makellosem Englisch von Mr Bs Heimat sprach, murmelte eine Entschuldigung und fügte dann hinzu: »Aber ich muss es wirklich wissen.« Als er die Wegbeschreibung bekommen hatte – und dazu den Hinweis, dass er und Pawlowa, in Luftlinie gerechnet, immer noch genauso weit von London entfernt waren wie in Peschawar –, merkte Mr B erneut, wie allein er war, wie viel er vor sich hatte und wie lange es dauern würde, wenn Pawlowa nur fünf Meilen am Tag gehen konnte. Dies war erst der fünfte Tag, seit er mitten im Feierabendverkehr von Peschawar gestanden hatte, den Arm um ihren Hals gelegt, ein verängstigtes, zitterndes Eselfohlen, doch es kam ihm so vor, als wäre er schon Wochen mit ihr zusammen. Das Band zwischen ihnen war fest, und er würde sie nicht im Stich lassen, aber nun, da kein Faruk mehr da war, der ihm sagte, was er tun sollte, wurde ihm bewusst, wie töricht und impulsiv er gewesen war. Als er einen Bus erblickte, der nach Karatschi fuhr, Pakistans größtem Seehafen, von wo er ohne Probleme ein Flugzeug nach London nehmen konnte, überkam ihn für einen Moment der unwiderstehliche Drang, einzusteigen und Pawlowa mit ihren Satteltaschen und dem Schaffell einfach da stehen zu lassen.

Doch dann kehrte seine verrückte Zuneigung plötzlich wieder zurück. Er sah Pawlowa an mit ihren hübschen Wimpern, ihrem hellen, seidigen Fell, ihren langen, knubbeligen Beinen und dem etwas albern aussehenden Hut, aus dem ihre Ohren herausschauten, und da wusste er, dass er wenigstens versuchen musste, seinen Plan umzusetzen und sie nach London zu bringen. Mit frischer Entschlossenheit spannte er seinen großen weißen Schirm auf, fasste Pawlowas Leine kurz, um sie dicht an seiner Seite und im Schatten zu halten, und dann machten sie sich auf den Weg nach Westen, zur persischen Grenze, die hundert Tage entfernt lag, wenn Faruks Fünf-Meilen-Regel stimmte.

Um sich ein wenig aufzumuntern (und Pawlowa vielleicht auch), begann er leise zu singen, ein Lied vom Gehen über eine Wiese, das er noch aus der Zeit vor

seinem Stimmbruch kannte. Es war von César Franck, einem französischen Komponisten, der 1890 in Paris gestorben war, überfahren von einem Pferdeomnibus. Beim Gedanken an dieses Unglück wechselte Mr B die Seite, so dass er zwischen Pawlowa und dem entgegenkommenden Verkehr ging und sie notfalls zur Seite schubsen konnte, falls einer der vielen Riesenlaster sie beide niederzuwalzen drohte. Und es dauerte gar nicht lange, da kam eins von den riesigen und scheußlichen Ungeheuern, die der Kameramann so begeistert gefilmt hatte, herangedonnert. Es hupte lärmend, machte aber keinerlei Anstalten, ihnen auszuweichen. Ungläubig verharrte Mr B, bis es fast zu spät war, dann stieß er Pawlowa mit aller Kraft in den Graben neben der Straße und sprang hinterher.

Zum Glück war der Graben zwar schlammig, aber nicht tief, und obwohl sie einen Moment darin liegen blieben, um sich von dem Schreck zu erholen, waren sie nicht allzu schmutzig, als sie hinauskletterten. Die Satteltaschen waren verrutscht, und einige der Plastiktüten mit dem Obst und Gemüse waren zerrissen, aber das Heu war noch trocken (Esel mögen kein nasses Heu), und der Schlamm auf dem Schirm würde bald trocknen und abfallen. Etwa hundert Meter weiter hatte auf der anderen Straßenseite ein ramponierter Kleinbus angehalten, dessen Fahrer den Unfall gesehen hatte. »Alles in Ordnung?«, fragte er, als Mr B auf seiner Höhe ankam. »Ein bisschen erschrocken«, sagte Mr B, »aber nichts gebrochen. Nett, dass Sie fragen, aber wie kommen Sie darauf, dass ich Engländer bin?« Der Fahrer lachte. »Wegen dem Schirm – alle Engländer hatten die hier früher, vor der Unabhängigkeit. Jetzt sieht man sie gar nicht mehr, und nur noch Leute, die so alt sind wie ich, erinnern sich daran. Wollen Sie nicht einsteigen? Das ist kein Ort für einen morgendlichen Spaziergang.«

»Was ist mit meiner Eselin?«, fragte Mr B.

»Die kann hinten rein.«

»Ich komme sehr gerne mit, aber nur, wenn ich hinten bei ihr sein kann.«

Und so wurden ein paar Sitze weggeklappt und Gepäck beiseitegeräumt, so dass Mr B und Pawlowa Platz fanden, und dann ging es nach Zahedan, der ersten Stadt hinter der persischen Grenze, fünfhundert Meilen entfernt. Der Weg führte am Chagai-Gebirge entlang, das die Grenze zwischen Pakistan und Afghanistan bildet. Die Landschaft war wunderschön, abwechslungsreich und Ehrfurcht gebietend, aber die Straße war noch schlechter als die zwischen Peschawar und Quetta, und es dauerte nicht lang, da erbrach sich Pawlowa über Mr Bs Hose.

Der Fahrer, der Zulfikar hieß, hielt an einer Stelle, wo eine Bergquelle an der Felswand herabrann, als wäre sie ein Wasserfall im Kindesalter. Er hob Pawlowa aus dem Wagen, führte sie dorthin, ermunterte sie zu trinken und ging dann ein paar Schritte mit ihr, während sich Mr B, der sich die Schuhe ausgezogen hatte, ganz dicht an den Wasserfall stellte, damit er die Überreste von Pawlowas Frühstück von seiner Hose spülen konnte.

Als er dort stand und die Sonne ihm auf den Rücken

schien, dachte er an die Hitze, die bald auf sie nieder-
brennen würde, und da ihm Pawlowas plötzliche Übel-
keit Sorgen bereitete, beschloss Mr B, seine Pläne zu
ändern.

»So kann es nicht weitergehen«, sagte er, als Zulfikar
zurückkam. »Sie waren sehr freundlich, aber wir können nicht alle zwanzig Meilen anhalten, wenn Sie fünfhundert Meilen entfernt Geschäfte zu erledigen haben.
Fahren Sie weiter. Wir bleiben hier, bis die Sonne un-
tergeht, und wandern während der Nacht, mit ein paar
Pausen. Mit etwas Glück schaffen wir zehn Meilen, bis
die Sonne wieder aufgeht.«

»Dann brauchen Sie fünfzig Tage bis nach Zahedan«, erwiderte Zulfikar. »Sofern Sie überhaupt dort ankommen, denn in der Finsternis können Sie leicht von
einem müden Fahrer überrollt werden, der am Steuer
halb eingeschlafen ist. Nein, nein, wir bauen im Wagen
so um, dass Sie und Ihre Eselin in der Mitte Platz finden und nicht hinten durchgeschüttelt werden. Das ist
für Sie beide bequemer, und dann wird ihr auch nicht
schlecht.«

Mr B fand das außergewöhnlich nett und willigte
schließlich ein, doch er konnte nicht ahnen, dass Zulfikars Freundlichkeit keineswegs von der gleichen selbst-
losen Art war wie die Faruks. Denn das Geschäft, das
Zulfikar in das fünfhundert Meilen entfernte Zahedan
führte, bestand darin, fünfzig Kilo Heroin über die persische Grenze zu schmuggeln – eine gefährliche Droge, die mit einfachen Mitteln in Afghanistan hergestellt
und nach Europa verschickt wird. Dort ist sie verboten,
und deshalb verdienen die Schmuggler viel Geld daran.

Zulfikar war das dritte Glied in der Schmugglerkette. Sie begann mit den Bauern in Afghanistan, die den Mohn anbauten und die Droge herausdestillierten; das zweite Glied waren die Leute, die das Heroin mit schwer beladenen Eseln – genau wie Pawlowa – über schmale und gefährliche Pfade durch die Berge im Süden des Landes und damit über die Grenze brachten; und Zulfikar und sein Kleinbus waren die Verbindung zwischen Pakistan und Persien. Das Seltsame dabei war, dass er wie der Inbegriff eines Schmugglers aussah mit seiner Hakennase, den buschigen Brauen und dem schwungvoll nach oben gezwirbelten Schnurrbart. Außerdem funkelte er mit den Augen und lachte zu laut, wobei er mehr Goldzähne aufblitzen ließ, als ein ehrenwerter Mann jemals haben würde. Dennoch kam es Mr B nicht in den Sinn, dass er in die Hände eines hinterlistigen Schurken gefallen war.

Zulfikar hatte diese Fahrt schon viele Male gemacht und dabei gelernt, dass es am leichtesten war, unbemerkt an den Wachposten vorbeizukommen, wenn er den Wagen voller Reisender mit ihrem Gepäck hatte. Doch als er Mr B und Pawlowa erblickte, dachte er bei sich, dass eine andere Tarnung vielleicht eine gute Idee wäre, und als er sah, wie sie in den Graben stürzten, und sich ihm die Gelegenheit bot, ihren Retter zu spielen, war der Plan beschlossene Sache. Alles an Mr B – und ganz besonders der Schirm – verriet Zulfikar, dass er Engländer war und sich mit der kleinen Eselin auf der Straße von Quetta ganz und gar nicht wohl fühlte. Wenn er, Zulfikar, bei der Überquerung der persischen Grenze behauptete, er sei nur ein Taxifahrer, den Mr B angeheuert hatte, könnte er, falls das Heroin bei einer Kontrolle entdeckt würde, behaupten, er hätte nichts davon gewusst, das gehöre alles dem Engländer. Dann würde Mr B für immer in einem persischen Gefängnis landen und Pawlowa würde in die Hände eines grausamen Sklaventreibers fallen, während er, wenn er bei seiner Geschichte blieb, zwar das Heroin verlieren, aber dafür sein Leben behalten würde. Und so räumte Zulfikar lachend und goldblitzend und geschwätzig seine Pappkartons mit Heroin (beschriftet mit »Streuzucker«) zwischen die vordere und die mittlere Sitzreihe, breitete das Schaffell und die hübschen Satteltaschen darüber, so dass Pawlowa ein bequemes Lager hatte, hoch genug, um aus dem Fenster zu schauen und ein wenig frische Luft zu bekommen.

Mr B ahnte nichts von Zulfikars wahren Absichten und der Gefahr, in der er sich befand. Er war dankbar, dass er bequem vorne sitzen konnte und nur den Arm über die Rückenlehne zu strecken brauchte, um Pawlowa zu streicheln, falls sie von einem besonders schlimmen Schlagloch durchgeschüttelt wurde; und er war zutiefst erleichtert, dass ihr nun offensichtlich nicht mehr übel war. Sie verbrachten einen recht fröhlichen Abend in einem Dorf, in dem eine Hochzeit gefeiert wurde, denn alle, die dort Rast machten, wurden zu dem Fest eingeladen. Am nächsten Morgen fuhren sie zeitig weiter, und so erreichten sie Zahedan am frühen Nachmittag. An der Grenze reichte Mr B dem Wachmann seinen Pass durch Zulfikars Fenster. Der Wachmann nahm ihn mit der einen Hand entgegen und öffnete zugleich mit der anderen die seitliche Schiebetür, um zu sehen, was immer es da zu sehen geben mochte. Dabei störte er Pawlowa, die tief und fest geschlafen hatte. Sie schrak hoch, fletschte die Zähne und schrie aus vollem Hals. Seit dem Moment, als Mr B sie gerettet hatte, hatte Pawlowa kein einziges Geräusch von sich gegeben, außer dem leisen Klappern ihrer Hufe, aber so unsanft aus dem Schlaf gerissen, tat sie, was Esel nun mal tun, und stieß ein so lautes Iah aus, dass dem Wachmann die Ohren klingelten. »Iah!«, schrie sie, und dann noch mal und noch mal. Einen Esel in einem Kleinbus vorzufinden, war schon ungewöhnlich genug, aber als ihm außerdem noch aus nächster Nähe ein Geräusch entgegenschallte, das klang wie das verrückte Lachen eines

betrunkenen Herkules, machte der Wachmann einen Satz nach hinten.

Andere Wachmänner kamen mit Gewehren herbeigelaufen, um zu sehen, was da los war, doch als sie in den Wagen schauten und darin nur die kleine Pawlowa entdeckten, lachten sie dröhnend und verspotteten ihren Kollegen als Dummkopf. Noch Wochen später machten sie sich mit lauten »Iah«-Rufen über ihn lustig – ohne zu ahnen, dass sie den Drogenfang ihres Lebens verpasst hatten. Sie vergaßen auch, sich Mr Bs Pass genau anzusehen, und so bemerkten sie nicht, dass er gar keine Erlaubnis hatte, in Persien zu reisen. Stattdessen winkten sie Zulfikar mit breitem Grinsen durch, so dass er unbehelligt nach Zahedan fahren konnte.

IV
Ein persischer Dichter und eine persische Karte

Zahedan erwies sich, obgleich schmuddelig und von Fliegen heimgesucht wie so viele Grenzorte in Asien, als geschäftige kleine Stadt. Dicht bei der westlichsten Spitze Pakistans und dem südwestlichen Ende Afghanistans gelegen und durch eine Straße mit dem dreihundert Meilen entfernten Arabischen Meer verbunden, ist sie ein internationaler Umschlagplatz für nahezu alles, ob legal oder illegal. Zulfikar brachte Mr B direkt zum Hauptmarkt, und dort trennten sie sich als beste Freunde. Sie umarmten sich, klopften einander auf den Rücken, und Mr B hatte nicht die geringste Ahnung, was an der Grenze geschehen wäre, hätten die Wachen darauf bestanden, das Gepäck zu überprüfen, auf dem Pawlowa lag, als sie ihren markerschütternden Schrei ausstieß. Nun freute sie sich, wieder auf ihren Beinen zu stehen, und viele der Standbesitzer, die sich über den Anblick dieses so englisch aussehenden Engländers mit seinem großen weißen Schirm und der schlaksigen kleinen Eselin amüsierten, gaben ihr im Vorübergehen Äpfel, Quitten, Trauben und andere Leckereien.

An einem Stand, auf dem sich Bücher türmten, fand Mr B eine Karte von Persien. Sie war natürlich in Großbuchstaben mit IRAN überschrieben, Persiens offiziellem Namen seit 1935. Doch da Mr B, wie viele seiner Generation, das Land seit seiner Jugend unter dem Namen kannte, den es zu Zeiten seines ruhmreichen Helden Alexander des Großen getragen hatte, war er nicht willens, es Iran zu nennen. (Unlogischerweise bezeichnet man die Landessprache übrigens nach wie vor als Persisch.)

Die Karte, die offensichtlich für die Schule gedacht war, denn sie bestand aus dickem, gewachstem Papier, von dem sich schmutzige Fingerabdrücke leicht wieder abwischen ließen, zeigte sämtliche Provinzen Persiens, in kräftigem Grün und Gelb, Rosa und Lila voneinander abgesetzt, und Mr B konnte alle wichtigen Städte und Straßen darauf erkennen und sogar einige Zugverbindungen – daran hatte er gar nicht gedacht.

»Nicht zu fassen«, sagte er, als er entdeckte, dass Zahedan einen Bahnhof hatte. »Das ist ja ein Ding.« »Was ist denn?«, fragte der junge Standbesitzer, eine Art persischer Dominic, ebenso groß und schlaksig wie dieser, aber mit den dunklen, unergründlichen Augen eines Dichters. »Ich bin den ganzen Weg von Quetta hierher über die Straße gekommen, und jetzt sehe ich, dass ich auch den Zug hätte nehmen können«, sagte Mr. B. »Über die Straße?«, fragte der Dichter. »Dann können Sie als wohlhabender Engländer – denn das sieht man gleich an Ihrem prächtigen Schirm – froh sein, dass Sie noch leben. Diese Straße ist die Straße der Schmuggler, und die schneiden Ihnen für einen Schilling die Kehle durch.«

Mr B, der noch nie gut hatte rechnen können, wollte wissen, wie weit die Strecke in Meilen war. Er erinnerte sich, dass fünfzig Meilen achtzig Kilometer waren, aber die Zahlen ratterten in seinem Kopf herum, und er bekam sie einfach nicht zu fassen. Der Buchhändler, der ahnte, dass Mr B noch eine Weile an seinem Stand bleiben würde, stellte sich als Mirzah vor und schickte einen barfüßigen Jungen von etwa acht Jahren los, ihnen ein Glas Tee zu bringen (im Osten wird Tee immer in kleinen Gläsern serviert, ohne Milch, dafür oft mit riesigen Zuckerwürfeln). Außerdem reichte er Mr B einen Bleistift und ein Blatt Papier. »Ich rechne jetzt erst einmal die gesamte Strecke in Kilometern aus«, sagte Mr B zu Pawlowa, »dann ist das mit den Meilen viel einfacher.« Das stimmte zwar, aber er multiplizierte erst fünfundzwanzig mit sieben und dann das Ergebnis davon, das ihm nicht unrealistisch erschien, mit zehn, dividierte das wiederum durch achtzig und landete bei ungefähr zweiundzwanzig – da musste er Pawlowa fragen: »Aber zweiundzwanzig was?« Entschlossen, nicht so leicht aufzugeben, versuchte er es erneut, indem er an den Anfang zurückkehrte und sich sagte, wenn jeder Zentimeter nicht fünfundzwanzig, sondern vierundzwanzig Kilometern entspräche, wäre seine Rechnung einfacher, denn vierundzwanzig ist drei mal acht, und wenn acht Kilometer gleich fünf Meilen sind, dann müsste ein Zentimeter dasselbe sein wie drei mal fünf, also fünfzehn Meilen. Somit musste die gesamte Strecke von Südosten nach Nordwesten, da er statt mit fünfundzwanzig mit vierundzwanzig gerechnet hatte, etwas weniger (oder etwas mehr?) als tausend Meilen lang sein.

Da man jedoch nie in einer geraden Linie reist, war der arme Mr B ziemlich entmutigt, als ihm klar wurde, dass die tatsächliche Entfernung, die er zurücklegen musste, viel weiter war, als er gedacht hatte. Er war erst sieben Tage mit Pawlowa unterwegs, aber er fühlte sich zutiefst ungewaschen, zerknittert und erschöpft, und er sehnte sich nach nichts mehr als danach, seine Kleider zu waschen und sich unter eine kräftige Dusche zu stellen. Er bezahlte die Karte und ein Buch über antike persische Dynastien (eine Erinnerung an seine Begeisterung für Alexander den Großen), das Pawlowa halb aufgefressen hatte, während er in seine Rechnereien vertieft war. Als er sich von Mirzah verabschiedete, fragte er ihn nach einem Hotel, wo er mit seiner Eselin übernachten könne. Ein schriller Pfiff rief den Jungen herbei, der ihnen Tee gebracht hatte. Mirzah gab ihm Anweisungen, und schon fasste der Junge Mr B an der Hand und lief los. In einer schmalen Seitengasse, nur ein paar Minuten vom Markt entfernt, öffnete er eine große, mit prachtvollen Schnitzereien verzierte Tür, die auf einen Innenhof führte, wo ein paar Schafe im Schatten eines Maulbeerbaums lagen. »Das ist ein Hotel?«, fragte Mr B, doch der Junge, der kein Englisch sprach, antwortete nicht. Er nahm Pawlowas Leine und knotete sie um einen Pfahl, dann führte er Mr B eine dunkle Treppe hinauf in eine kühle Halle mit wunderschönen großen Bodenfliesen, so kunstvoll in den Farben und Mustern, dass sie es verdient hätten, in einem Museum ausgestellt zu werden. Mr B, der aus dem hellen Licht des späten Nachmittags kam, konnte den alten, weißbärtigen Mann zunächst kaum sehen, der im Schatten saß und mit dem der Junge ein, wie es schien, längeres Gespräch begann, wobei er auf Mr B wies.

Tatsächlich gab der Junge nur weiter, was Mirzah ihm aufgetragen hatte, denn der alte Mann sprach kein Englisch. »Das ist ein Engländer«, sagte der Junge, »der in einen Esel vernarrt ist. Er braucht ein Bad, saubere Kleider und einen sicheren Platz, wo er seinen Esel lassen kann, während er seine Reise plant, sich ein wenig

ausruht und zur Bank geht. Er wird wahrscheinlich zwei
Nächte bleiben.«

Der alte Mann führte Mr B in ein ruhiges, kühles
Zimmer, von dem dieser zu seiner Freude sehen konnte, dass Pawlowa gut untergebracht war und dass eine
freundliche und verständnisvolle Seele ihr frisches Heu
gegeben und sie losgebunden hatte, damit sie sich zu
den Schafen gesellen konnte. Dann bedeutete der alte
Mann Mr B mit einer Handbewegung, ihm zu folgen,
und zeigte ihm das Bad, das ebenfalls prachtvoll gefliest
und mit einem großen Marmorbecken ausgestattet war,
in das Wasser floss. Der Badende konnte sich auf eine Bank setzen, einen verzierten Messingeimer füllen
und ihn über sich ausgießen. Und genau das tat Mr B
volle zwanzig Minuten lang, bis das kalte Wasser ihn

erfrischt hatte. Dann brachte der alte Mann ihm Handtücher und nahm seine schmutzigen Kleider mit. Mr B
zog die sauberen Sachen an, die er in seinem Rucksack
verstaut hatte und die vielleicht ein wenig zu zerknittert waren, um elegant auszusehen, und machte sich
auf den Weg zu einer Bank, wo er sein pakistanisches
Geld und ein paar amerikanische Dollar (die Währung,
die sich in fernen und abgelegenen Orten immer am
leichtesten tauschen lässt) gegen die persischen Bank-
noten wechselte, die er für den nächsten, sehr langen
Abschnitt seiner Reise brauchte. Dann ging er noch einmal zum Markt, um Mirzah für seine Hilfe zu danken
und ihn zu fragen, ob er mit ihm zu Abend essen wolle.

Mirzah war weit mehr als einfacher Buchhändler. Er
sprach alle Sprachen der Region: Farsi (die offizielle
Landessprache), Azeri, Kurdisch, Türkisch sowie das
Paschtu und Dari des nahe gelegenen Afghanistan,
denn dieser Teil von Zentralasien war lange Zeit ein
Gebiet mit wandernden Grenzen und Minderheiten
verschiedenster Herkunft gewesen. Als Mr B und er
sich in den Garten eines Restaurants setzten, kam sofort
eine ganze Schar Leute herbei und bat Mirzah, die alten
Liebesgedichte aus Belutschistan zu rezitieren, der
Provinz, deren Hauptstadt Zahedan war. Er folgte ihrer
Bitte und sang sogar einige davon, und als sein schmel-
zender Tenor erklang, verstummten alle um sie herum.
Das, dachte Mr B, hätte sich ebenso zu einem beliebigen
Zeitpunkt in den letzten zwei- oder dreitausend Jahren
abspielen können, denn Persien war bereits ein zivili-
siertes Reich gewesen, als das Alte Testament der Bibel
noch jung war, und sein Gebiet hatte sich zeitweilig vom

Mittelmeer bis zum Indus in Pakistan erstreckt, Schulter an Schulter (durchaus nicht immer friedlich) mit dem antiken Griechenland, dem Römischen Reich und noch viel älteren Nachbarn in den Ländern, die heute Indien und China heißen. Hatte, so fragte er sich, Alexander der Große womöglich in diesem Garten gesessen, unter diesen hohen Bäumen und den Liebesliedern eines anderen dunkeläugigen jungen Dichters gelauscht? Eine ganze Weile versank Mr B so gänzlich in all dem, was vor langer, langer Zeit geschehen war, dass er nichts vom Straßenlärm wahrnahm, sondern nur den Klängen von Mirzahs wehmütiger Stimme lauschte (denn die schönsten Liebeslieder sind nun mal traurig) und sich vorstellte, es wäre das Echo des ersten Sängers, der zu Füßen des ersten Königs aller Könige gesessen hatte, denn so lautete der Titel der Herrscher in den antiken Dynastien Persiens.

Nach dem Abendessen und bevor sich ihre Wege trennten, sprachen sie noch einen Moment über die Karte. »Sie haben zwei Möglichkeiten«, sagte Mirzah. »Entweder Sie gehen nach Norden und dann nach Westen, am Ufer des Kaspischen Meeres entlang, oder Sie folgen ungefähr der geraden Linie, deren Länge Sie vorhin ausgerechnet haben, aber Sie müssen einen Bogen um die Salz- und Sandwüsten machen, denn das ist eine grausame Gegend für Pawlowa, wenn Sie zu Fuß unterwegs sind. Sie können versuchen, nach Kerman zu gelangen, der Hauptstadt der nächsten Provinz westlich von hier – das sind etwa zweihundertfünfzig Meilen, weil die Straße einen weiten Bogen nach Süden macht –, und von dort noch mal sechzig Meilen bis Zarand, dann können Sie den Zug nach Isfahan nehmen, damit sind Sie schon auf halbem Weg in die Türkei.« »Aber wird man mir denn erlauben, einen Esel im Zug mitzunehmen?«, fragte Mr B. »Warten Sie's ab, Sie werden schon sehen«, sagte Mirzah, der gebeten worden war, noch ein Lied zu singen. Die beiden umarmten sich zum Abschied, wünschten einander eine gute Nacht, und dann ging Mr B in der Dunkelheit davon, während Mirzahs schöne Stimme allmählich in der klaren Sternennacht verklang.

Am nächsten Tag ruhten Mr B und Pawlowa sich aus. Die Eselin schien sich bei den Schafen sehr wohl zu fühlen und naschte die süßen Maulbeeren, die von dem alten Baum herabfielen, und er, der offenbar der einzige Gast in dem Hotel war, genoss dessen kühle Stille und die Schönheit der Fliesen. »Wenn ich nach Hause komme«, sagte er zu sich, »werde ich mein Badezimmer so umbauen lassen, dass es genauso aussieht wie dieses.« Er unternahm mit Pawlowa einen langen Spaziergang in der morgendlichen Frische und dann noch einmal am frühen Abend und kaufte ihr lauter leckere Sachen (oder zumindest lecker für einen Esel, denn Mr B hatte noch nie Heu probiert). Am späteren Abend aß er erneut mit Mirzah, doch als er sagte, er müsse früh ins Bett, weil er mit Pawlowa schon ein gutes Stück Weg schaffen wollte, bevor die Sonne zu hoch am Himmel stand, bat der junge Dichter ihn, noch ein wenig zu bleiben. »Da ist jemand, den ich Ihnen vorstellen möchte.« Dieser Jemand war ein kleiner, dunkler Mann, der eine unerschöpfliche Energie ausstrahlte – ein Busfahrer. »Das ist Fred«, sagte Mirzah. »Fred?«, fragte Mr B verwundert. »Ja, ich weiß.« Mirzahs Stimme klang ein wenig resigniert. »Das ist nicht sein richtiger Name, aber er hat viele Jahre für Amerikaner gearbeitet, die seinen persischen Namen nicht aussprechen konnten, deshalb haben sie ihn Fred genannt. Und jetzt gefällt ihm der Name, denn er hat nur eine Silbe statt neun und ist zumindest in zwei der größten Provinzen dieses Landes einmalig. In gewisser Weise hat er ihn sogar berühmt gemacht. Er fährt den Bus zwischen Zahedan und Kerman. Wenn Sie bereit sind, für zwei Plätze zu zahlen und einen kleinen Zuschlag, um die Spuren zu beseitigen, falls Pawlowa ein Missgeschick passiert, können Sie morgen in seinem Bus mitfahren. Er startet um acht Uhr in der Früh Richtung Kerman und wird die beiden ersten Plätze hinter seinem Sitz, die normalerweise für allein reisende Frauen reserviert sind, für Sie freihalten. Kommen Sie nicht zu spät, aber auch nicht zu früh, denn Fred möchte nicht, dass die anderen Passagiere murren, weil einer der besten Plätze von einer Eselin besetzt wird. Es wäre gut, wenn möglichst wenige Leute sie sehen.« Das war eine so wunderbare Nachricht, dass Mr B nicht nur den Dichter, sondern auch den Fahrer umarmte, und in diesem außergewöhnlichen Augenblick küssten sie einander alle auf beide Wangen.

Mr B stand früh am nächsten Morgen auf und erfrischte sich noch einmal in dem schönen Badezimmer. »Weiß der Himmel, wann ich wieder in ein Bad komme, erst recht in ein so prächtiges«, sagte er sich. Als er in sein Zimmer zurückkehrte, fand er seine beiden Hemden und Hosen frisch gereinigt vor, und der alte Mann im Schatten, der nie schlafen zu gehen schien,

brachte ihm Honig und noch warmes Brot zum Frühstück. Dann beglich Mr B die bescheidene Rechnung,
schob noch ein paar Scheine unter den Kerzenleuchter,
der nachts die einzige Lichtquelle gewesen war, und
murmelte: »Für die Armen«. Die Worte konnte der alte
Mann nicht kennen, aber Mr B war sicher, dass er verstand. Ernst verneigten sie sich in altmodischer Höflich-
keit, dann ging Mr B in den Innenhof, um seine Eselin
zu holen.

V
Pawlowa fährt mit dem Zug
nach Isfahan

Mr B hätte schwören können, dass Pawlowa sich der Reihe nach von jedem einzelnen der schläfrigen Schafe verabschiedete, denn sie tauschte mit jedem Nase an Nase einen kleinen Schnauber. Die Armen – ob sie wussten, dass sie, während Pawlowa fröhlich einen Bus bestieg, ins Schlachthaus gebracht und zu Koteletts mit Maulbeeraroma verarbeitet werden würden? An der Bushaltestelle standen bereits ein paar Leute, deshalb stellten Mr B und Pawlowa sich ein Stück entfernt hin, als würden sie auf einen anderen Bus warten. Genau um drei Minuten vor acht kam Fred, nahm Mr Bs Decke und Pawlowas Schaffell, um sie auf dem Boden auszubreiten, und ermahnte die anderen Passagiere zur Eile. Und in dem Durcheinander aus Geplauder, Gepäckverstauung und Platzbesetzung bemerkte niemand, dass Fred und Mr B einen Esel unter einen der besten Sitzplätze geschmuggelt hatten.

Das bekamen sie jedoch bald heraus, denn Fred hielt
wie immer ungefähr alle zwei Stunden an einem Rast-
platz an, und er sagte Mr B dann rechtzeitig vorher Bescheid, damit Pawlowa aufstehen und er sich mit ihr
als Erster für Joghurt, frisches Brot oder Tee anstellen
konnte. Und so dauerte es nicht lange, bis die anderen
Passagiere Pawlowa in ihr Herz schlossen, ihr kleine Leckereien zu knabbern gaben, ihre Ohren kraulten (was
Esel nicht besonders mögen, aber sie ließ es geduldig
über sich ergehen) und ihr auf den Rücken klopften. Eine alte Frau, die mit ihren vier missgelaunten Hühnern
auf die letzte Bank verbannt worden war, zog nieman-
des Interesse auf sich, deshalb kaufte Mr B ihr eine große Tüte mit Trauben, die sie halb selbst aß und halb an
ihr Geflügel verfütterte. Zu Mr Bs Erleichterung musste
Pawlowa sich kein einziges Mal übergeben, aber er hielt
für den Notfall ihren Strohhut bereit.

Die Fahrt dauerte zwölf Stunden, da sie im Schnitt nur etwa zwanzig Meilen in der Stunde zurücklegten. Schaukelnd und holpernd schlängelte sich der Bus am südlichen Rand des riesigen Wüstengebiets von Lut und Kawir entlang. Mr B kam eine Gedichtzeile in den Sinn: »... dehnt öd und eben Sand sich endlos weit«, doch ihm

fiel weder der Rest des Gedichts ein, noch wer es verfasst hatte.[*] An einigen besonders kargen Stellen, wo es weder Wasser noch Schatten gab, hoffte Mr B inständig, dass der Bus nicht liegenbliebe, denn er war alt, der Motor laut, die Auspuffgase grau von verbranntem Öl und die Schaltung äußerst schwergängig – manchmal

---

[*] Der Dichter war Shelley, und das Gedicht heißt *Osymandias*.

sah er, wie die Muskeln in Freds Arm sich anspannten, wenn dieser mit lautem Knirschen und Krachen einen Gang runterschaltete. Doch der Bus blieb nicht liegen, und um acht Uhr abends hielt er an der Haltestelle in Kerman. Und was erblickte Mr B dort als Erstes? Einen ramponierten Kleinbus und dessen Fahrer mit einem Stück Pappe in den Händen, auf dem ZARAND gekritzelt war, Mr Bs nächstes Ziel. Fred kannte den Fahrer (der nicht ein Wort Englisch sprach) und handelte den Preis für Mr B aus, der für die drei Plätze in der mittleren Reihe bezahlen musste, plus einen kleinen Zuschlag, falls Pawlowa sich übergeben müsste oder ihr ein anderes Missgeschick passierte. Nachdem zwei weitere Passagiere sich dazugesellt hatten, brachen sie nach Zarand mit seinem Bahnhof auf.

»Ja«, sagte der Mann am Fahrkartenschalter müde, »morgen früh geht ein Zug nach Isfahan. Er fährt um sechs Uhr.« Er war so daran gewöhnt, dass englische und amerikanische Reisende zu den seltsamsten Zeiten aufkreuzten (sogar um Mitternacht, wie in diesem Fall), weil sie nach Isfahan wollten, dass er in makellosem Englisch antworten konnte – obgleich er sie nicht als Engländer erkannte, wenn sie im Dialekt von Liverpool oder Birmingham sprachen. Zunächst verstand er auch nicht, was Mr B von ihm wollte, als dieser etwas von einer Fahrkarte für einen Esel sagte. Mit trüben Augen, denn er war seit fast vierundzwanzig Stunden im Dienst, spähte er durch sein kleines Fenster, um zu sehen, was Mr B ihm zeigen wollte, und sah Pawlowa mit ihrem

Schaffell, den Satteltaschen, dem Plastikeimer und ihrem Strohhut. Er nickte ein wenig zu energisch (wie es Menschen oft tun, wenn sie sich in einer Sprache unterhalten müssen, die sie nicht beherrschen), schob eine weitere Fahrkarte unter der Scheibe hindurch und gab Mr B mit Handzeichen zu verstehen, dass er auf einer Bank im Wartesaal schlafen könne. Dort traf Mr B auf weitere Reisende mit Tieren – eine Ziege, zwei Schafe und eine Kiste voller Hühner –, und nachdem er alle, die nicht schliefen, mit einem stummen Lächeln begrüßt hatte, bereitete er Pawlowa bei den Schafen ein Lager, nicht auf ihrem Schaffell, sondern auf seiner Decke (aus Rücksicht auf die Gefühle der Tiere), und legte sich mit dem Schaffell auf eine Bank.

Diese Bank war das härteste, schmalste und unbequemste Bett, das ihm seit Pawlowas Rettung untergekommen war – sogar noch schlimmer als die Ladefläche des Transporters –, dennoch schlief er recht gut und war einigermaßen ausgeruht, als er gegen halb sechs aufwachte und am Gleis schon den Zug vorfand. Er folgte den anderen Reisenden mit Tieren und sah, dass sie diese in den Waggon des Schaffners ganz am Ende brachten und dann selbst weiter vorne einstiegen. Der Schaffner half Mr B, Pawlowa in den Waggon zu heben, und hatte auch nichts dagegen, als Mr B ihm zu verstehen gab, dass er gerne bei ihr bleiben würde. Er bot Mr B sogar ein paar Heuballen an, die nach Isfahan geliefert werden sollten, damit er sich daraus einen Sessel bauen konnte – und der war wesentlich gemütlicher als die nackten Holzbänke in den Passagierwaggons.

Der Zug war ein so genannter »Anhalter«, was be-

deutete, dass er auf der etwa dreihundertundfünfzig
Meilen langen Strecke nicht nur an jedem Bahnhof
hielt, sondern auch etliche Male mitten im Nirgendwo,
wenn dort jemand stand und Zeichen gab, dass er mitfahren wollte. Weitere Schafe und Ziegen und Hühner
wurden eingeladen, außerdem noch ein Dutzend strahlend weiße Enten, und um halb ein Uhr nachts, als der
Zug endlich in Isfahan einfuhr, war Pawlowa nur ein
Tier in einer ziemlich umfangreichen Menagerie. Mr B
hielt sie dicht bei sich, als all die anderen ausgeladen
wurden, um sie vor dem Lärm und dem Trubel zu be-
schützen, und stellte sie dann im schummrigen Licht
des Bahnsteigs vorsichtig auf ihre langen, dünnen Beine. Der Schaffner bedeutete ihnen, ihm zu folgen, und
führte sie zu einer Unterkunft – kein Hotel, sondern
eine Art große Scheune, wo Tiere und ihre Besitzer,
die nach der späten Ankunft kein Dach über dem Kopf
hatten, geschützt die Nacht verbringen konnten, bis die
Welt wieder erwachte.

Und als die Welt wieder erwachte, war Mr B hin- und
hergerissen zwischen dem Drang, direkt den nächsten
Zug zu nehmen, der ihn Richtung Türkei bringen würde (oder die nächsten zwei Züge oder drei, denn mittlerweile erschien ihm seine Karte wie ein verwirrendes
Labyrinth, und aus den Fahrplänen im Bahnhof wurde
er überhaupt nicht schlau), und dem Wunsch, das zu
tun, was jeder vernünftige Reisende tat, wenn er an einen Ort kam, der für seine Geschichte berühmt war,
nämlich herumzuschlendern, sich umzusehen und die
Stadt zu erkunden. Er wusste, dass Isfahan eine der ältesten, sagenumwobensten, legendärsten und schöns-

ten Städte in ganz Asien war. So alt wie die Bibel und Babylon und jahrhundertelang die Hauptstadt Persiens, war sie reich an prachtvollen Palästen, Moscheen und Karawansereien, die zwischen üppigen, von Flüssen und Kanälen bewässerten Gärten lagen. Außerdem war sie einst berühmt gewesen für ihre über zweihundert öffentlichen Bäder, jedes einzelne davon mit ebenso prächtigen Fliesen wie das, welches ihm in Zahedan solches Wohlbehagen und solche Freude geschenkt hatte. Und wie jeder Schuljunge weiß (und natürlich wusste das auch Mr B), lag Isfahan auf der großen Seidenstraße, die mindestens zweitausend Jahre lang die Händler in China mit denen in Istanbul und Venedig verbunden hatte und auf der nicht nur Seide, sondern auch Gewürze, Porzellan und Teppiche transportiert worden waren.

Der Gedanke an die Teppiche brachte die Entscheidung. Mr B wusste eine Menge über Teppiche – nicht die Bodenbeläge, wie sie in Flughäfen und modernen westlichen Häusern üblich waren, sondern die kunstvoll entworfenen, von geschickten Fingern geknüpften und nach Augenmaß vollendeten Einzelstücke, die mit Sicherheit vom fünfzehnten Jahrhundert an, vielleicht aber auch schon wesentlich früher nach Europa importiert worden waren. Damals waren sie so kostbar, dass die Europäer sie nicht auf den Boden legten, sondern auf Tische, damit sie nicht von achtlosen Füßen abgenutzt oder von Hunden zerkaut werden konnten, die betört waren von den orientalischen Düften, die die Teppiche bis heute zu verströmen scheinen.

Und so gab Mr B, hin- und hergerissen zwischen dem Drang weiterzureisen und dem Wunsch, einen solchen Teppich zu finden, der Versuchung nach. Doch nachdem er zwei volle Tage und Nächte in einem Bus verbracht hatte, der so heiß wie ein Ofen war, und dann in einem Zug, in dem es roch wie auf dem Bauernhof, und das alles in denselben Kleidern, fühlte er sich dem Feilschen mit einem ausgefuchsten Händler nicht gewachsen. Nicht weit vom Bahnhof fand er ein öffentliches Badehaus, wenn auch eins ohne eine einzige prächtige Fliese. Zwei junge Männer, nur mit einem Handtuch um die Lenden bekleidet, gaben ihm ebenfalls ein Handtuch, nahmen seine Kleider, setzten ihn auf eine Marmorbank und ertränkten ihn beinahe mit Wasser, das sie aus Eimern über ihn schütteten – erst heiß, dann kalt, dann wieder heiß. Sie wuschen sein Haar und seiften seinen Körper mit einer Bürste ein, dann breiteten sie ein Handtuch auf dem Boden aus, auf dem er sich bäuchlings ausstreckte, und stellten sich auf seine Rippen und Schultern, bis er seine Gelenke krachen hörte. Dann spülten sie den Seifenschaum ab, wickelten ihn in lauter riesige Handtücher und rasierten ihn mit einem altmodischen Messer. Zum Schluss zupften sie noch die Haare aus seiner Nase (bei jedem einzelnen rief er: »Autsch!«), massierten seine Schläfen und wiesen dann auf eine einfache Liege, wo er sich ausruhen konnte. Eine Stunde später brachten sie ihm Tee und seine Kleider, die frisch gewaschen, getrocknet und gebügelt waren und fast wie neu aussahen. Obendrein hatten sie sogar noch seine Schuhe poliert, was er selbst noch nie getan hatte, obwohl er sie schon seit zwei Jahren besaß.

So erfrischt und gesäubert holte Mr B Pawlowa aus

der Scheune ab, wo er sie unter der Aufsicht eines bärtigen alten Mannes und einer Ziegenamme zurückgelassen hatte. Nun bat er den alten Mann, auf ihr Gepäck aufzupassen, nahm nur seinen Schirm und Pawlowas Strohhut mit und machte sich auf, den Teppichhändlern gründlich auf die Nerven zu fallen. Im Nahen und Mittleren Osten sind üblicherweise alle Händler oder Handwerker einer Richtung nahe beieinander – wenn man also beispielsweise einen kaputten Auspuff oder einen platten Reifen hat, findet man alle Autowerkstätten in einer Straße am Stadtrand –, und so war es auch mit den Teppichhändlern. Viele in Isfahan verkauften nur moderne Kopien antiker Entwürfe, und die interessierten Mr B ganz und gar nicht. Umgekehrt interessierten sich viele von ihnen ganz und gar nicht für Mr B, einen schäbig gekleideten Mann in Hemdsärmeln, der einen Esel an der Leine führte, und hießen ihn nicht willkommen (ihnen entging die Qualität seines Schirms). So war der halbe Vormittag herum, als er endlich einen wirklich alten Teppich im Schaufenster eines wirklich alten Ladens entdeckte, der in einer schmuddeligen Seitenstraße lag, ein Stück von den anderen entfernt. Das Schaufenster war schlecht beleuchtet, und Mr B musste sich so weit vorbeugen, dass seine Nase die Scheibe berührte, um die Farben und die Knotendichte und eventuelle Schäden und Reparaturen sehen zu können. Die Grundfarbe war Blau (was relativ selten vorkam), das Motiv – ein Granatapfelbaum, der aus einer Vase wuchs – in einer harmonischen Mischung aus weichen Rot- und Brauntönen gehalten, und alle Farben waren natürlicher Herkunft. Der Teppich schien nicht ganz so alt zu sein, wie er es sich gewünscht hätte – vielleicht hatten die geschickten Finger der Knüpferin daran gearbeitet, als Königin Viktoria 1837 den Thron bestieg –, und er hatte gehofft, einen Teppich aus Isfahan zu finden, während dieser (der mit seinen zwei mal vier Metern ein richtiger Teppich war, nicht nur ein Läufer) ganz offensichtlich aus Khotan in Xinjiang kam, der westlichsten Provinz Chinas, wo damals, als dieser Teppich entstand, die Uiguren gelebt hatten. Mr B amüsierte die Vorstellung, dass dieser Teppich, um nach Isfahan zu kommen, noch fünfhundert Meilen weiter gereist war als er, wenn auch auf viel mühsameren Wegen und über viele, viele Jahre.

Er zögerte, den Laden mit Pawlowa zu betreten, doch als ein älterer Mann zur Tür kam und ungefragt sagte: »Kommen Sie nur, kommen Sie, und nehmen Sie den Esel ruhig mit«, folgte er der Aufforderung. Ein Junge von etwa zehn Jahren erschien und nahm Pawlowas Leine. »Wohin bringt er sie?«, fragte Mr B unruhig, und sein Gastgeber zog einen Vorhang beiseite, hinter dem ein schattiger Garten zum Vorschein kam, übersät mit nassen Teppichen und begrenzt durch einen plätschernden Bach. »Wir reinigen unsere Teppiche auf die uralte Weise, indem wir sie etwa eine Woche in fließendem Wasser liegen und dann im Schatten trocknen lassen«, sagte der Mann mit einem Anflug von Überheblichkeit, doch dann fügte er sehr freundlich hinzu: »Ihre Eselin ist hier gut aufgehoben«, füllte ihren Eimer mit Wasser und gab ihr ein paar Äpfel zu fressen. Danach ließen sich die beiden Männer nieder, um die Teppiche anzusehen. Ein weiterer Junge kam dazu, vielleicht vierzehn oder fünfzehn, und zusammen mit dem jüngeren zeigte er ihnen einen ganzen Haufen Läufer; jeder einzelne wurde auseinandergerollt, wieder zusammengerollt und beiseitegelegt. Das dauerte seine Zeit, und nach einer Weile sagte der Händler etwas in scharfem Ton zu den Jungen, und die beiden verschwanden. »Das sind meine Enkelsöhne, sie bringen uns Tee«, erklärte er, dann streckte er die Hand aus. »Ich heiße Reza, und Sie?«

Schließlich wählte Mr B zwei Läufer aus, von denen einer tatsächlich aus Isfahan kam, und den Teppich aus dem Schaufenster, aber er konnte sich nicht so recht entscheiden, ob er einen davon kaufen sollte, und wenn ja, welchen. Beeindruckt von Mr Bs kenntnisreicher Wahl – denn alle drei waren beträchtlich alt und von bester, geradezu museumsreifer Qualität –, fragte Reza, was ihn zögern ließ. »Nun ja«, sagte Mr B. »Ich muss mich um meine Eselin kümmern, und sie hat schon genug zu tragen, und ich auch. Im Grunde könnte ich nur die Läufer nehmen, und selbst das wäre nicht einfach, aber der Teppich ist so schön, dass ich ihn nicht zurücklassen möchte.«

»Das ist kein Problem«, erwiderte Reza. »Ich habe einen Bruder in Täbris, und gemeinsam mit anderen Händlern schicken wir oft Teppiche zum großen Basar in Istanbul und nach Europa, an Freunde und Verwandte, die Läden in Berlin, Amsterdam, Mailand und London haben – wir sind sozusagen eine Art Mafia. Wenn Sie mir vertrauen, werden die Läufer und der Teppich vermutlich sogar vor Ihnen zu Hause in London sein. Ich würde Ihnen ja anbieten, dass Sie die ganze Strecke mit den Teppichen mitreisen, aber wie soll ich sagen –

es gibt da ein paar Risiken, die ein weißer Mann mit einem Esel nicht eingehen sollte.« »Selbstverständlich vertraue ich Ihnen«, sagte Mr B, und altmodisch, wie er war, holte er sein Scheckbuch aus der Brieftasche, die er in einem Leinengürtel unter seinem Hemd trug, und füllte einen Scheck über den gesamten Betrag aus. Er gab ihn Reza und sagte: »Und jetzt müssen Sie mir vertrauen.« Mr B hatte sein Konto nicht bei einer gewöhnlichen englischen Bank, sondern bei Coutts, einer Privatbank ganz in der Nähe vom Trafalgar Square und der National Gallery (wo er sehr viel Zeit damit verbrachte, alte Teppiche zu betrachten, die alte Maler auf alten Bildern verewigt hatten). Das Gebäude, ein eindrucksvoller (wenn auch ein wenig absurder) Palazzo mit zwei pfeffermühlenartigen Türmen, Marmorböden, Topfpflanzen und livrierten Wachmännern, ist mindestens ebenso vornehm wie die National Gallery und ein gutes Stück älter; obendrein ist es seit drei Jahrhunderten die Bank des englischen Königshauses. Mr B war dort zwar noch nie der Königin begegnet, aber das war auch gut so, denn er machte sich gerne einen Spaß daraus, seine schäbigsten Kleider anzuziehen, wenn er diesen Tempel des Katzbuckelns betrat, um einen Scheck einzulösen. Und da die Schecks von Coutts viel größer und pompöser sind als die anderer Banken, dachte Reza: Das ist bestimmt ein vertrauenswürdiger Scheck, als er ihn in seine Tasche steckte.

»Wohin gehen Sie jetzt?«, fragte er Mr B dann. »Zurück zum Bahnhof, um den Fahrplan zu studieren und hoffentlich herauszufinden, ob meine Eselin und ich einen Zug nach Teheran und von dort nach Täbris nehmen können, wo ich die Grenze zur Türkei überqueren möchte.« »Dann kann ich Ihnen vielleicht helfen – das ist das Wenigste, was ich tun kann, nachdem Sie so viel bei mir gekauft haben, ohne auch nur ein einziges Mal um den Preis zu feilschen. Mein Sohn fährt morgen nach Täbris und könnte Sie mitnehmen.« »Aber was ist mit meiner Eselin?«, entgegnete Mr B sofort. »Oh, die wird es noch bequemer haben als Sie, denn sie wird direkt hinter Ihnen auf einem fliegenden Teppich liegen, wo Sie sie streicheln und ihre Leine halten können, wenn Sie wollen. Können Sie morgen früh um acht Uhr hier sein? Es ist eine lange Fahrt – ungefähr zwei Tage –, aber die Straßen werden immer besser, je weiter man sich Teheran nähert.«

Die verbleibenden Stunden des Tages schlenderten Mr B und Pawlowa durch die wenigen erhalten gebliebenen Überreste des antiken Isfahan. Die Zeit und die Menschen haben es so sehr verändert, dass es für jemanden, der die Beschreibungen seiner Schönheit in den Reiseberichten von vor hundert Jahren gelesen hat, kaum wiederzuerkennen ist. So fand Mr B nur noch Überbleibsel von Gärten und alten Wasserwegen und verfallene Ruinen einst prachtvoller Gebäude, und immer wieder setzte er sich in den Schatten und hing poetischen Betrachtungen nach, während Pawlowa einfach nur dasaß. Tatsächlich hatte Mr B, der noch nie einen Esel gehabt hatte, nicht die leiseste Ahnung, was für eine Beziehung sich zwischen ihnen entwickeln sollte. Er hatte sein Leben lang Hunde gehabt und wusste, dass er regelmäßig mit ihnen sprechen musste – sie konnten zwar vielleicht kein Englisch, aber er war überzeugt, dass sie immer verstanden, was er zu ihnen sagte. Außerdem wusste er, dass er mit ihnen essen, sie ausführen und mit ihnen spielen musste und dass er seine Möbel mit ihnen teilen musste, vor allem sein Bett. Bisher hatte er Pawlowa weitgehend so behandelt, als wäre sie ein Hund, und gelegentlich so, als wäre sie seine Tochter, doch als sie nun im Schatten einer mindestens zweihundert Jahre alten Zeder saßen, ging ihm auf, dass sie, wäre sie tatsächlich ein Hund, noch ein junger Welpe wäre.

Vom ersten Moment an, bei ihrer Begegnung in Peschawar, hatte sie sich an seine Seite gedrückt, und das tat sie immer noch sehr oft, vor allem an lauten,

öffentlichen Orten wie Bahnhöfen und Basaren. Das musste sie von sich aus entschieden haben, denn er hatte niemals versucht, es ihr beizubringen, indem er energisch an ihrer Leine oder ihrem Halsband zog, wie er es bei einem Hund vielleicht getan hätte. Dachte sie, er wäre so etwas wie ihr Vater? Konnte sie überhaupt denken? Mr B hatte bemerkt, wie stark sie auf verschiedene Früchte und Gemüsesorten reagierte, so dass Faruks Liste beinahe überflüssig war, und dass ihr bisweilen irgendetwas Grünes, das er nicht kannte und für ähnlich langweilig hielt wie Kohl, viel besser zu schmecken schien als ein Apfel oder ein paar Trauben. Doch das hatte er nicht bewusstem Denken zugeschrieben, sondern einem instinktiven, von ihren Vorfahren geerbten Wissen. Wenn er andererseits sah, wie entspannt und vertrauensvoll sie ihm gegenüber geworden war, ganz gleich, was um sie herum geschah, begann er sich zu fragen, ob die Menschheit die Intelligenz der Esel nicht unterschätzte, und er kam zu dem Schluss, dass sie keineswegs so dumm sind, wie wir annehmen.

An dem Tag aßen sie auf der Straße, denn es gab köstliche Dinge an Ständen zu kaufen. Pawlowa kostete Auberginen, Tomaten und Stücke von großen grünen Wassermelonen, die innen leuchtend rot und saftig waren; als sie einem Mann begegneten, der Ayran verkaufte, ein wunderbar erfrischendes Getränk aus Joghurt und Wasser, trank sie einen ganzen Eimer davon; und als ihre Nüstern den Duft von gerösteten Kastanien und Maiskolben witterten, zog sie an ihrer Leine und führte Mr B zu den Ständen, um sich mit Genuss darüber herzumachen. Als ihre Bäuche prall gefüllt waren, verbrachten sie den Abend in einem Teegarten, wo Mr B anhand seiner kostbaren Karte ausrechnete, dass sie nun, da sie in Isfahan waren, bereits mehr als den halben Weg durch Persien geschafft hatten – sie hatten gut siebenhundert Meilen zurückgelegt, seit sie über die Grenze gekommen waren. Wenn er dann noch die neunhundert Meilen von Peschawar nach Zahedan dazurechnete, waren es insgesamt eintausendsechshundert Meilen. Nicht übel, dachte er, und das in elf Tagen, wovon drei zwar keine reinen Ruhetage gewesen waren, aber zumindest ohne Fortbewegung. Doch als er dann versuchte auszurechnen, wie weit es noch nach London war, verhedderte sich sein Gehirn sofort wieder in dem Gewirr aus Kilometern und Meilen. »Verdammt!«, rief Mr B laut, und noch mal: »Verdammt! Wie herrlich wäre es, in einer Welt zu leben, in der man nicht rechnen muss.« Bei dem unvermittelten Ausbruch wachte Pawlowa aus ihrem Nickerchen auf, und ein erschrockener Kellner brachte ihm Tee.

VI
Pawlowa wird auf Teppichen nach Täbris getragen

Als Mr B am nächsten Morgen um kurz vor acht in die Straße einbog, die zu Rezas Laden führte, fühlte er sich zu allem bereit, und als er um die nächste Ecke ging, wurde seine Laune sogar noch besser, denn da standen Reza, sein Sohn, seine Enkel und ein Transporter – und was für ein Transporter!

Das war kein rostiger alter Armeetransporter mit einer Stoffplane und auch kein ramponierter Kleinbus, sondern ein geräumiger, komfortabler Mercedes-Transporter, glänzend und in sattem Weinrot lackiert (und zwar in der Farbe eines guten französischen Bordeaux), mit Rezas Namen und Anschrift in dezenter goldfarbener Schrift unten an den Seiten. Drinnen gab es eine Bank mit drei Sitzplätzen, eine Klimaanlage und ein Radio. Rezas Sohn, der ihm als Rostam vorgestellt wurde (ein heldenhafter persischer Krieger, über den vor tausend Jahren ein Gedichtepos verfasst worden ist), würde fahren, und Mr B sollte es sich vorne bequem machen. Pawlowa konnte entweder zwischen ihm und Rostam liegen oder hinten auf dem Teppichstapel, zusammen mit den Jungen. Die Jungen wollten sie bei sich haben, damit sie ihr den Rücken kraulen und sie am Bauch kitzeln konnten, und so geschah es dann auch, allerdings unter der Bedingung, dass sie sofort »Anhalten!« riefen, falls Pawlowa aussah, als würde ihr übel.

Rostam war schon viele Male nach Täbris gefahren, und sie flogen förmlich durch die fruchtbare, mit Baumwolle bepflanzte Landschaft, die Isfahan umgab, durch die Weizen- und Gerste- und Reisfelder von Lenjan westlich davon, wo jeder in seinem Garten Tabak anbaute. Da dieser Teil der Provinz Isfahan auf etwa eintausendfünfhundert Meter Höhe liegt, ist es dort morgens angenehm kühl, und selbst als die Sonne höher stieg, brauchten sie die Klimaanlage nicht. Was für ein Luxus, dachte Mr B, und er wünschte, er könnte den ganzen Weg nach England in solchem Komfort zurücklegen. Gleichzeitig jedoch hoffte er, Rostam würde das

Radio ausschalten, das einen schrillen Mischmasch aus traditioneller persischer und moderner westlicher Musik von sich gab (was Mr B noch mehr hasste als das Rechnen).

Als sie den Stadtrand von Teheran erreichten, der heutigen Hauptstadt von Persien, bog Rostam nach links ab, grob westwärts Richtung Täbris, und sie fuhren in den Sonnenuntergang. Ein kleines Stück weiter, in der Nähe von Quazvin, verließ er die Hauptstraße, steuerte auf das nächstliegende Dorf zu und parkte den Transporter im Innenhof eines Gebäudes, das man in England als ländliches Pub bezeichnet hätte, während Mr B es als Karawanserei betrachtete, eine traditionelle Übernachtungsmöglichkeit für Reisende, mit einem angeschlossenen Stall für ihre Tiere (vermutlich wurde auch Jesus Christus in einer Karawanserei geboren). Dort wurde Rostam wie ein alter Freund begrüßt, Pawlowa kam in den Stall zu ein paar Schafen, bei denen sie sich sofort wohlzufühlen schien, und Mr B bekam ein Zimmer im Erdgeschoss, so dass er jederzeit nach ihr sehen konnte. Zum Abendessen gab es köstliche Gerichte und sehr guten Wein, und Musiker spielten wehmütige Musik, zu der die beiden Jungen zu tanzen begannen, zunächst allein, doch alsbald schlossen sich ihnen noch mehr Jungen und Männer an. Dann sang der jüngere der beiden Söhne, dessen Stimme noch klar und hell war wie die einer Frau, ein altes, poetisches Liebeslied von nahezu unerträglicher Zärtlichkeit und Sehnsucht. Mr B verstand zwar – wie bei Mirzahs Liedern in Zahedan – kein Wort davon (obwohl ihm die grundlegende Bedeutung durchaus klar war), aber er fand diese Musik so schön, dass sie ihn zu Tränen rührte. Da saß er im Dämmerlicht einer mondbeschienenen Nacht, die Arme um Pawlowas Hals gelegt und mit feucht glänzenden Wangen, als er plötzlich lachen musste, weil ihm ein Gedicht einfiel, das seine Mutter ihm beigebracht hatte, als er noch viel zu jung gewesen war, um dessen Bedeutung zu verstehen – und es war obendrein ein persisches Gedicht, in dem das Paradies beschrieben wird als »... ein Brot und ein Glas Wein und du an meiner Seite ...«. Das Du in den Gedanken des persischen Dichters war eine schöne junge Frau, aber für Mr B war es seine Eselin.[*]

---

[*] Im Gedichtemerken war Mr B fast genauso schlecht wie im Rechnen. Seine falsch erinnerten Zeilen stammen aus den *Rubaiyat* von Omar Khayyam, einer tausend Jahre alten Reflektion darüber, dass man sein Leben genießen soll. Richtig lauten die Zeilen:

> Ein Brot und eine Flasche Wein,
> Ein Buch mit Versen, und an meiner Seite
> Singst du hier draußen in der Öde –
> Und schon wird Wildnis uns zum Paradies.

Vielleicht tranken Mr B und Rostam ein bisschen zu viel Wein, denn am nächsten Morgen stand keiner von beiden früh auf. Aber es gab auch keinen Grund zur Eile, denn die Jungen hatten Pawlowa gefüttert und sie ausgeführt, und nach Täbris war es nur noch eine halbe Tagesreise. Dennoch war Mr B unruhig, denn Täbris lag am äußersten Rand seiner großen, übersichtlichen Karte, und er wusste nicht so recht, wie er am besten die Grenze zur Türkei überqueren sollte. Er war schon viele Male in der Türkei gewesen, denn er interessierte sich für ihre antike Geschichte, lange bevor die Türken sie von Osten her erobert hatten; vor dreitausend Jahren war sie nämlich teils persisch und teils griechisch gewesen und etwa tausend Jahre später Teil des Römischen Reiches. Im Westen war er getaucht, um sich die Ruinen der Städte anzusehen, die vom steigenden Wasserspiegel der Ägäis und des Mittelmeers überschwemmt worden waren, und im Osten hatte er Berge bestiegen, auf der Suche nach weiteren Ruinen entlang der Grenzen nach Georgien, Armenien, Persien und dem Irak, und dabei war er übel von Mücken zerstochen worden. Er sprach sogar ein wenig Türkisch (eine schwere Sprache), allerdings sehr schlecht, was die Türken zum Lachen brachte. Das konnte durchaus von Vorteil sein, denn wenn ein Türke *über* dich lacht, lacht er bald auch *mit* dir, und dann ist er auf deiner Seite.

Wenn Mr B dachte, dass seine Reise in der Türkei wesentlich einfacher sein würde, so lag er damit einerseits richtig und andererseits falsch, sogar mächtig falsch. In Täbris war er immer noch fast hundert Meilen von der Grenze entfernt, und Rostam meinte, er solle am besten nach Maku weiterreisen, eine kleine Stadt im äußersten Nordwesten Persiens, und von dort einen Dolmuş (meist ein ramponierter Kleinbus, den man wie ein Taxi anheuern konnte) nach Doğubayazıt nehmen, der ersten türkischen Stadt hinter der Grenze. »Das ist die Hauptstrecke von Teheran nach Istanbul, und die Wachposten an der Grenze werden nach wichtigeren Schmugglern Ausschau halten als nach ein paar einfachen Leuten in einem Dolmuş.« Während seine Söhne die Teppiche aus dem Transporter luden, ging Rostam mit Mr B zum Busbahnhof und erklärte dort dem Fahrer, der nach Maku fuhr, dass nicht nur Mr B dorthin reisen wollte, sondern auch Pawlowa. War das schallende Gelächter des Busfahrers ein gutes Zeichen oder ein schlechtes? Ein gutes, dachte Mr B zunächst, doch als der Mann beschrieb, was er mit der Eselin machen würde, falls ihr ein »Missgeschick passierte«, wie Rostam es übersetzte (obwohl die persische Formulierung, die der Fahrer benutzte, weit weniger höflich war), war Mr B sich da nicht mehr so sicher. Rostam und der Fahrer brachten beide, von reichhaltiger Gestik und Mimik begleitet, zum Ausdruck, dass Mr B offenbar verrückt war – wovon Mr B zum Glück kein Wort verstand –, und einigten sich dann mehr oder weniger auf dasselbe Arrangement, das Mirzah einige Tage zuvor mit dem Busfahrer in Zahedan ausgehandelt hatte.

Sie kamen am späten Nachmittag in Maku an, und Mr B entdeckte fast sofort einen Dolmuş mit der Aufschrift Doğubayazıt, der am Busbahnhof bereitstand – ein uralter, mit Staub bedeckter Kombi mit türkischem Nummernschild. Der Fahrer erklärte sich bereit, Pawlowa mitzunehmen, aber nur hinten im Kofferraum. Mr B, der sie dort nicht allein lassen wollte und sich mit in den Kofferraum setzte, tröstete sich mit dem Gedanken, dass sie, sobald sie die nur zwölf Meilen entfernte Grenze hinter sich hatten, vielleicht in einen bequemeren Dolmuş umsteigen konnten; außerdem wäre er so zumindest in der Lage, Pawlowas »Missgeschick« in ihrem Hut aufzufangen, falls ihr wieder übel wurde. Nach ihm stiegen noch ein alter Mann mit einem Käfig voller Hühner ein und eine alte Frau mit einer halbwüchsigen Ziege, die beide ebenfalls nach Doğubayazıt wollten, und als schließlich noch ein junger Mann vorne auf den Beifahrersitz Platz genommen und ein Lamm zwischen seinen Füßen verstaut hatte, fuhren sie ein wenig schlingernd in den Sonnenuntergang.

VII

Mr B wird an der türkischen Grenze verhaftet

Es war noch hell, als sie bei der Grenze ankamen – hell genug, dass der Wachposten sofort sah, dass Mr B kein fahler türkischer Bauer war, der ein Tier zum Markt brachte, sondern ein von zu viel Sonne geröteter Engländer. Er winkte den Wagen von der Straße, öffnete die Heckklappe so plötzlich, dass Mr B fast hinausgefallen wäre, und verlangte seinen Pass. Dann verschwand er mit grimmiger Miene (und ein grimmiger Türke kann ein furchteinflößender Anblick sein) in dem hässlichen Betonbunker, der als Grenzposten diente. Verdammt, dachte Mr B, hätte ich es nur nicht so eilig gehabt weiterzukommen! Hätte ich nur gewartet, bis es dunkel ist, dann hätte er nicht gemerkt, dass ich kein Türke bin! Hätte ich nur, hätte ich nur... Und auch der Fahrer, der jetzt äußerst besorgt aussah, murmelte ganz Ähnliches vor sich hin – hätte er doch nur darauf bestanden, dass Mr B sich neben den alten Mann mit seinen Hühnern oder die alte Frau mit ihrer Ziege setzte; hätte er sich doch nur geweigert, den Esel mitzunehmen; hätte er doch nur die Fahrt in der anderen Richtung zurückgelegt, von Doğubayazıt nach Maku, anstatt von Maku nach Doğubayazıt ... Und er hatte allen Grund, besorgt zu sein, denn als der Wachposten zurückkam, befahl er allen, aus dem Wagen zu steigen und sich an der Wand aufzustellen, als würden sie gleich erschossen. Dann trennte der Wachposten Mr B von den anderen und zeigte ihm ein Blatt Papier mit dem unscharfen Foto eines Mannes, den Mr B unschwer erkannte, denn es war er selbst.

Er hatte keine Zeit, die Worte zu lesen, die neben seinem Foto standen, denn der Wachposten erklärte ihm sofort (und nicht besonders höflich), dass er verhaftet sei und in eine Zelle in dem Bunker gebracht würde. Es waren auf die Stunde genau vierzehn Tage, seit er Pawlowa gerettet hatte, und er hatte sie bereits den halben Weg nach Hause gebracht (den halben? – nein, es war nicht der richtige Moment, um sich in Rechnereien zu verlieren), da würde er sie jetzt nicht im Stich lassen. Er bestand darauf, dass sie bei ihm bleiben und, falls nötig, ebenfalls verhaftet werden sollte, denn, so argumentierte er, schließlich sei sie ebenso sein Eigentum wie der Rucksack auf seinem Rücken. Der Wachposten fand Mr Bs schuljungenhaften Versuch, Türkisch zu sprechen, kein bisschen erheiternd, und als der Gefangene sich dann auch noch weigerte, Pawlowas Halsband loszulassen, rief er wütend nach Verstärkung. Weitere Wachposten kamen herbeigelaufen und packten Mr B an den Armen, und als er sich wehrte, schlug ihm einer von ihnen so fest mit dem Gewehrkolben gegen die Brust, dass ihm die Luft wegblieb. Da begriffen die anderen Passagiere, dass es offenbar um Mr B ging, nicht um sie, stiegen schweigend wieder in den Dolmuş und nahmen Pawlowa mit. Der Fahrer zeigte auf sie und rief: »Hotel Kent, Doğubayazıt«, dann fuhr er so schnell davon, dass die Hinterreifen eine Staubwolke aufwirbelten.

Unter den gegebenen Umständen klang »Hotel Kent« wie Musik in Mr Bs Ohren, nicht weil Kent in diesem Zusammenhang irgendetwas mit der englischen Grafschaft zu tun gehabt hätte, die Frankreich am nächsten liegt, sondern weil Kent das türkische Wort für Festung ist, und Hotel Kents sind in türkischen Städten und Dörfern ebenso verbreitet wie Castle Hotels in England. Überdies hatte Mr B einige Jahre zuvor genau dort übernachtet, als er mit einem Freund den nahe gelegenen Berg Ararat bestiegen hatte. Mit etwas Glück, dachte Mr B, erinnerte sich der Besitzer vielleicht an ihn und seine exzentrische Art, wenn der Taxifahrer dem Mann von seiner Verhaftung erzählte, und kümmerte sich um Pawlowa.

Mr B blieb nicht lange in der Zelle, was auch gut war, denn die war dunkel, heiß und stickig, und sie roch, wie es bei Gefängniszellen in diesem Teil der Welt meist der Fall war, wie ein ungeputztes Klo. Aber es waren einige Anrufe zu tätigen, und zu dieser Zeit mussten Ferngespräche noch beim Amt angemeldet werden, es dauerte Stunden (manchmal auch Tage), die Verbindung herzustellen, und oft genug wurde sie wieder unterbrochen, bevor das Gespräch überhaupt begonnen hatte, und das Einzige, was man hörte, waren ein Dutzend Telefonistinnen zwischen Doğubayazıt und Istanbul, die sich anschrien, als wollten sie sich gegenseitig umbringen.

Er musste seine Gefangenschaft nur vier Stunden lang ertragen (obwohl er in seinen späteren Erzählungen manchmal ebenso viele Tage daraus machte). Gegen zehn Uhr abends wurde er am Kragen hinausgeschleift, mit Handschellen gefesselt, auf die Rückbank eines Jeeps gestoßen und in die Dunkelheit entführt. »Wohin fahren wir?«, fragte er den Soldaten, der neben ihm saß. »Zum stellvertretenden Gouverneur in Doğubayazıt«, lautete die Antwort. Während sie mit hoher Geschwindigkeit über die unbefestigte Straße ratterten, dachte Mr B an die arme Pawlowa und hoffte, dass der Dolmuşfahrer ruhiger gefahren und ihr nicht übel geworden war. Ihm selbst wurde zwar nicht übel, aber er bekam etliche blaue Flecke, denn er wurde in dem Jeep, der weder Stoßdämpfer noch ein Sitzpolster zu haben schien, mächtig hin und her geworfen, und mit den Handschellen konnte er sich nirgends festhalten. Und als wäre das nicht schon schlimm genug, wurde auch noch jede Menge Staub hereingewirbelt, denn der Jeep war an den Seiten offen. Schließlich waren die dreißig Meilen nach Doğubayazıt überstanden, und Mr B wurde in das Büro des stellvertretenden Gouverneurs gebracht, einen großzügig geschnittenen Raum mit hoher Decke und einer Wandverkleidung aus dunklem, rötlich schimmerndem Holz, an dessen Ende der größte Schreibtisch stand, den er je gesehen hatte. Und dort wartete er, immer noch in Handschellen, zwischen zwei Soldaten, bis der stellvertretende Gouverneur durch eine Tür hinter dem Schreibtisch hereinkam.

Der stellvertretende Gouverneur war ein hoch ge-
wachsener, auf türkische Weise gut aussehender Mann
– schwarze Augen, schwarzes Haar, schwarze Brauen
und schwarzer Schnurrbart, strahlend weiße
Zähne und eine majestätische Nase –, er
sprach Englisch, und er kam mit ausge-
streckter Hand auf Mr B zu, doch der
konnte sie nicht nehmen, da er ja noch
gefesselt war. Der stellvertretende Gouverneur schnalzte missbilligend, als hätte man einen geschätzten Gast empörend
misshandelt, sorgte dafür, dass die Handschellen umgehend entfernt wurden, und
schickte die beiden Wachen mit einer Handbewegung
ans Ende des Raums. Dann drückte er auf eine Klingel
in der Holzverkleidung, an der, wie Mr B sehen konnte,
ein Schild mit der Aufschrift Çay angebracht war, und
sofort öffnete sich die Tür hinter dem Schreibtisch, und
ein Junge kam mit einem Teetablett herein. An diesem
Punkt scheint mir die Anmerkung nützlich, dass überall im Nahen und Mittleren Osten Präsidenten und Pro-
fessoren, Philosophen und Politiker ihre Laufbahn als
Teediener beginnen, die warten, zusehen, zuhören und
lernen, wie die Welt funktioniert, um dann später dafür
zu sorgen, dass sie so funktioniert, wie sie es wollen.

Schließlich setzten der stellvertretende Gouverneur
und Mr B sich in bequeme Sessel vor und hinter dem
Schreibtisch, wobei es Mr B nicht entging, dass er, der
kleinere Mann, auf einem niedrigeren Sessel saß, während der deutlich größere Mann ihn um ein gutes Stück
überragte und auf ihn herabsah. »Warum hat man mich

verhaftet?«, fragte Mr B ein wenig zu aggressiv. »Oh, ich bitte Sie, das war doch keine Verhaftung. Ihre Regierung, die uns versichert hat, dass Sie kein Terrorist sind, sondern eine Art herumzigeunernder Gelehrter, hat uns gebeten, Ausschau nach Ihnen zu halten. Es hieß, Sie würden von Pakistan aus zu Fuß nach Hause gehen, aber wenn das stimmt, müssen Sie entweder sehr schnell gegangen sein oder in Siebenmeilenstiefeln.« Zufrieden über seine Anspielung auf das Schuhwerk von Riesen in westlichen Märchen, lächelte er und fuhr fort: »Aber am besten hätten Sie natürlich auf einem fliegenden Teppich nach Hause reisen sollen. Wir hatten noch nicht so früh mit Ihnen gerechnet, wenn Sie wirklich zu Fuß unterwegs sind.«

Sofort erinnerte sich Mr B daran, wie Dominic ihn beim Abschied in Peschawar umarmt und geflüstert hatte: »Ich sage dem Außenministerium Bescheid.« Sobald er in London angekommen war, hatte er das tatsächlich getan, und da die Behörden seit langem mit den bizarren Einfällen exzentrischer reisender Engländer vertraut waren, hatten sie ihre Diplomaten in Pakistan, Persien und der Türkei angewiesen, Augen und Ohren offen zu halten, ob irgendwo ein verrückter Spinner aufkreuzte, der zu Fuß mit einem Esel Richtung Westen unterwegs war, vor allem an den Grenzübergängen. Niemand machte sich ernsthaft Sorgen um ihn, nicht einmal Mrs B, denn er war es gewohnt, allein zu reisen, und selbst die Geschichte von dem Esel hatte in Whitehall kaum für eine hochgezogene Augenbraue gesorgt. Aber es bleibt doch immer ein gewisses Unbehagen, wenn ein britischer Staatsbürger vermisst wird und niemand genau weiß, wo er sich aufhält. Dieses Unbehagen war jedoch bei der Übersetzung ins Türkische derart übertrieben worden, dass der ahnungslose Grenzposten (der kaum lesen und schreiben konnte) verständlicherweise angenommen hatte, dass Mr B ein Bösewicht war, wenn auch nicht unbedingt ein Terrorist.

»Aber ich konnte nicht zu Fuß gehen«, sagte Mr B. »Die Eselin ist noch zu jung, ihre Knochen sind noch nicht richtig ausgeformt, und sie kann unmöglich die zwanzig Meilen am Tag gehen, die ich vermutlich schaffen würde …« Und dann erzählte er von dem Abend in Peschawar und seinen Folgen. »Gütiger Himmel«, sagte der stellvertretende Gouverneur, der sein Englisch bei der Ausbildung zum Offizier in Sandhurst gelernt hatte. »Sie müssen sofort zum Hotel Kent gehen – ach was, ich fahre Sie selbst dorthin.« Sein Jeep war kein gewöhnlicher amerikanischer Jeep in tristem Khaki, sondern ein britischer Landrover, der in einem ungewöhnlich schillernden Blau lackiert war, als bestünde die Farbe aus zermahlenen Perlen und Pfauenfedern, und die Sitze waren mit passendem Samt bezogen. Der stellvertretende Gouverneur fuhr mit halsbrecherischer Geschwindigkeit zu dem Hotel und gab bei der Ankunft ein ohrenbetäubendes Signal mit allen vier Hupen (von denen drei nachträglich angebaut worden waren), so dass jedermann angelaufen kam. Sekunden später wurde Pawlowa gebracht, und als sie Mr B erblickte, kam sie wie ein Hund auf ihn zugelaufen und schmiegte sich an ihn. »Ich dachte mir schon, dass Sie es sind«, sagte der Hotelbesitzer. »Ich habe ein Zimmer für Sie reserviert.«

»Aber zuerst lade ich Sie zum Essen in das beste Restaurant von Doğubayazıt ein«, sagte der stellvertretende Gouverneur und wischte Mr Bs Einwand beiseite, dass er seit zwei Tagen dieselben Kleider trug, sich ebenso lange weder gewaschen noch rasiert hatte und roch wie eine türkische öffentliche Toilette. »Keine Sorge, da es in der ganzen Stadt nur zwei Restaurants gibt, bedeutet das lediglich, dass das eine nicht ganz so schlecht ist wie das andere. Die Gäste dort haben sich auch nicht gewaschen, Sie werden also nicht auffallen.«

»Ich würde mich freuen«, sagte der stellvertretende Gouverneur, als sie am Tisch saßen, und stieß vorsichtig mit der Gabel in eine Zwiebel – die, wie in der Türkei üblich, im Ganzen und mit der Schale gebraten worden war, und bei der, wenn man zu fest zustach, das glühend heiße essbare Innere wie eine Gewehrkugel vom Teller schießen und auf dem Nachbartisch landen oder einen anderen Gast im Nacken treffen konnte –, »ich würde mich freuen, wenn Sie einen oder zwei Tage in Doğubayazıt bleiben könnten, denn ich muss den britischen Botschafter fragen, was ich mit Ihnen machen soll.« »Das ist mir ganz recht«, sagte Mr B. »Ich bin froh, wenn ich mal eine Pause vom Reisen habe, außerdem habe ich Pawlowa versprochen, dass ich ihr den Berg Ararat zeige.« Der stellvertretende Gouverneur hob eine von seinen prächtigen Augenbrauen und dachte bei sich, dass Mr B tatsächlich verrückt war, aber er war viel zu höflich, um es auszusprechen.

Heutzutage ist Doğubayazıt eine staubige und schmutzige kleine Stadt, in der fast jedes Gebäude schlammfarben ist – brauner Schlamm, roter Schlamm, gelber Schlamm und sogar ein schwärzlicher Schlamm, der ziemlich übel riecht, bevor er getrocknet und zu Ziegeln gebrannt wird. Wenn jemals eine Stadt auf einer Wegkreuzung gestanden hat, dann ist es Doğubayazıt, denn die eine Hauptstraße führt von Osten nach Westen und die andere von Norden nach Süden, und der Verkehr donnert in all diesen Richtungen hindurch. Der Staub, den er dabei aufwirbelt, lässt alles noch schlammiger aussehen, vor allem wenn es regnet, was es im Frühling und Herbst gelegentlich tut. Im Winter liegt die Stadt immer unter einer dicken Schicht Schnee, und wenn die von den Straßen geräumt wird, ist sie ebenfalls schlammfarben. Niemand würde dorthin reisen, gäbe es nicht zwei Dinge von großer Schönheit in der Nähe, nämlich den Berg Ararat und eine Ruine, die alles verkörpert, was in der Kultur des Mittleren Ostens als romantisch, poetisch, geheimnisvoll und prächtig gilt: den Serail (Palast) eines gewissen Ishak (Isaak), des örtlichen Paschas, der dank der Steuern, die er allen Durchreisenden auferlegt hatte, unermesslich reich geworden war. Die Zeit war nicht nett zu dem Palast, seine vielen Dächer sind eingestürzt, und die Leute aus der Gegend haben alles mitgenommen, was sich transportieren ließ, selbst die Kaminplatten und die Treppenstufen, aber Mr B war überzeugt, dass die Geister noch immer darin wohnten – und genau das erzählte er der jungen Pawlowa, als er sie am nächsten Morgen zum Frühstück weckte. »Aber zuerst sehen wir uns den Berg Ararat an.«

Sie brauchten nicht weit zu gehen, um einen guten Blick auf den Berg zu bekommen. Sie entfernten sich von den großen Straßen, wo die Störche in den Telegrafenmasten nisteten. Ihre Nester waren große, unordent-

liche Haufen aus Stroh und Zweigen, und in den unteren Schichten hausten ganze Schwärme von Spatzen, so dass sie wie Mietshäuser waren, wo die stillen Störche das Penthouse bewohnten und die lärmenden Spatzen die Wohnungen darunter. In England haben wir die Störche schon vor Jahrhunderten vertrieben, aber in der Türkei sind sie geschützt durch den Glauben der Dorfbewohner, dass sie die Kinder in die Familien bringen (in England gibt es das auch noch, aber nur als Ammenmärchen). Die Türken glauben auch, dass die jüngeren Störche ihre alten Eltern füttern, wenn die nicht mehr imstande sind, für sich selbst zu sorgen.

Bald lag zwischen ihnen und dem Berg Ararat nur noch offenes Gelände, und sie gingen über Wiesen mit hohem Gras und Wildblumen, hinter denen der Berg zu schweben schien, nicht zackig wie der Mount Everest oder der Mont Blanc, sondern nahezu menschlich in seinem Umriss, als wäre eine schöne nackte Frau auf dem Rücken liegend eingeschlafen und dann zu

Stein geworden. Sie kamen nur langsam vorwärts, weil Pawlowa noch nie eine Wiese gesehen hatte, und für ihre sensiblen Nüstern duftete alles so süß und frisch und warm, dass sie einfach nicht aufhören konnte zu naschen. Auch Mr B war überwältigt, allerdings von Wehmut, denn er war alt genug, um sich daran zu erinnern, dass es solche Wiesen vor dem zweiten Weltkrieg auch überall in England gegeben hatte, übersät mit dem Rot von Mohnblüten, dem Blau von Witwen- und Kornblumen und dem Gelb, Rosa und all den anderen Farbschattierungen zahlloser weiterer Blumen.

Als sie einen Schattenplatz fanden, klappte er den großen Schirm zu, beide ließen sich nieder, und dann legte Mr B den Arm um Pawlowas Hals und erzählte ihr die Geschichte von der Sintflut. Jetzt ziehen Sie vielleicht ebenfalls eine Augenbraue hoch, genau wie

der stellvertretende Gouverneur, aber Mr B hatte zu Hause schon immer Hunde gehabt (und gelegentlich auch eine Katze), und er war felsenfest davon überzeugt, dass sie jedes Wort verstanden, das er zu ihnen sagte. Schließlich gab es ja auch den alten Glauben (der allerdings zusehends in Vergessenheit geriet), dass zwischen dem Einbruch der Nacht am Heiligabend und der Morgendämmerung am ersten Weihnachtstag alle Tiere sprechen können und das auch tun, nur bekommen wir nichts davon mit, weil wir zu der Zeit schlafen. Mr B glaubte nicht, dass sie Englisch sprachen oder irgendeine andere menschliche Sprache, aber er war überzeugt, dass sie nicht nur die Bedeutung von Gesprochenem verstanden, sondern auch Gedanken der Menschen, die diese nie in Worte fassten.

Damit mochte er Recht haben, aber die Geschichte von Noah und seiner Arche war ein wenig zu kompliziert für Pawlowa, und während Mr B sich bemühte, dieses große Ereignis aus dem ersten Buch der Bibel so gut wie möglich wiederzugeben, verspeiste sie leise jedes Gänseblümchen in Reichweite. »Stell dir nur mal vor«, sagte Mr B. »Ein Gott, der so zornig über Seinen ersten Versuch ist, anständige Menschen zu erschaffen, dass Er beschließt, sie alle mit einer großen Flut zu vernichten und noch mal von vorn zu beginnen. Erst wollte Er auch alle Tiere vernichten, aber als Er sah, dass Noah tatsächlich ein anständiger Mensch war, so wie eigentlich alle sein sollten, befahl Er ihm, ein großes Schiff zu bauen, ein Paar von jeder Tierart und genug Futter für alle an Bord zu nehmen und damit die schreckliche Sintflut durchzustehen, die vierzig Tage und vierzig

Nächte andauern und die Erde ertränken würde. Noah tat, wie ihm befohlen, und als die Erde wieder zu trocknen begann, legte er mit seiner Arche an dem Berg an, den wir Ararat nennen. Und das, meine liebe Pawlowa, ist der Grund, warum wir beide hier sind, denn du bist eine Nachfahrin der beiden Esel in der Arche, und Noah war mein tausendfacher Urgroßvater.« Als er geendet hatte, spannte er den Schirm wieder auf, und sie wanderten zurück nach Doğubayazıt.

Dort erwartete Mr B eine Nachricht vom stellvertretenden Gouverneur und die Einladung, erneut mit ihm zu Abend zu essen. Der kam Mr B gerne nach, denn er hatte festgestellt, dass der stellvertretende Gouverneur ein sehr angenehmer Gesprächspartner war. Vor seiner Offiziersausbildung in Sandhurst hatte er an der Wirtschaftsuniversität in London studiert, und dennoch hatte er einen ähnlich zivilisierten kulturellen Hintergrund wie Mr B. Wie dieser interessierte er sich für die Oper, eine sehr europäische Form der Unterhaltung, und sogar für das Ballett (deshalb hatte er so geschmunzelt, als er einer Eselin begegnete, die auf den Namen Pawlowa hörte). Er sprach nicht nur Englisch fließend, sondern auch Französisch und Deutsch, und er war stellvertretender Gouverneur von Ağri, der Provinz, zu der Doğubayazıt gehörte, weil er auch Persisch und Russisch beherrschte, was von großem diplomatischem Nutzen war, wenn es zu Grenzkonflikten mit Ağris direkten Nachbarn kam.

»Sie«, sagte er zu Mr B und sah ihm unverwandt in die Augen (wenn auch mit einem leichten Zwinkern), »hätten an der Grenze leicht in große Schwierigkeiten geraten können. Und Sie machen dem britischen Botschafter eine Menge Arbeit. Er hat mich gebeten, Sie noch eine Weile hierzubehalten, damit er einen Wagen schicken kann, um Sie abzuholen. Sie werden feststellen, dass es ein einfacher Transporter ist, keine luxuriöse Botschaftslimousine – schließlich weiß er von der Eselin. Er hält Sie für verrückt und für eine lästige Plage, auf die er gut verzichten könnte, aber er möchte natürlich helfen. Man wird Sie mit dem Transporter bis nach Istanbul bringen, und dort werden Sie Gast in seiner Villa am Bosporus sein. Sie können morgen mit Pawlowa zu Ishak Paschas Palast fahren (ich gebe Ihnen meinen Jeep), dann haben Sie eine Beschäftigung für den Tag, und wahrscheinlich geht es dann am nächsten Morgen weiter nach Istanbul.«

»Jippieh!«, sagte Mr B, der nie wirklich erwachsen geworden war und öfter altmodische Jungsausdrücke benutzte. In Wirklichkeit fürchtete er sich vor der Fortsetzung dieser Reise, vor weiteren Erklärungen, weiteren Planungen, weiteren Sorgen. »Jippieh!«, sagte er, und er erinnerte sich vage, dass die Türkei von einem Ende zum anderen mindestens tausend Meilen lang war, ob mit dem Auto oder mit dem Zug.

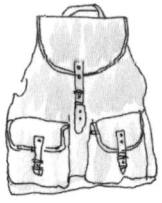

VIII
Der britische Botschafter lässt
Mr B abholen

Als der Transporter kam, war Mr B hocherfreut. Es war fast der gleiche, dachte er, wie der herrliche Mercedes, mit dem Rostam ihn von Isfahan nach Täbris gefahren hatte. Tatsächlich war es dasselbe Modell, aber da Mr B sich nicht sonderlich für Transporter interessierte, konnte er eine Marke nicht von der anderen unterscheiden. Dieses Exemplar hob sich von dem anderen nur dadurch ab, dass es schwarz lackiert war und dunkel getönte Scheiben hatte, durch die man zwar hinausschauen, aber selbst nicht gesehen werden konnte. Außerdem war auf die Türen ein hübsches kleines Wappen gemalt, das den Transporter insofern von allen anderen unterschied, als er Ihrer Majestät, der Königin von England gehörte. Der Fahrer, der Osman hieß, hatte die Sitze herausgenommen und den Innenraum in einen mobilen Stall umgewandelt, mit einer dicken Strohschicht und zwei großen verschließbaren Eimern – einer enthielt passendes Futter für eine junge

Eselin, der andere Trinkwasser. Das hatte er gemacht, damit Pawlowa, falls nötig, sicher in dem Transporter übernachten konnte.

Osman, ein kleiner, dunkler, starker Mann mittleren Alters, der sehr tüchtig war und ausgezeichnet Englisch sprach, obwohl er nie in England gewesen war, hatte beschlossen, dass dieser Teil der Reise ein Vergnügen für seine Passagiere sein sollte, nicht nur einer von vielen Aufträgen für ihn, und obgleich er den kürzesten Weg von der Botschaft in Ankara (der Hauptstadt der Türkei) nach Doğubayazıt gefahren war, hatte er nicht vor, direkt wieder dorthin zurück und dann weiter nach Istanbul zu fahren. »Wir werden einen Abstecher nach Van machen«, sagte er. »Dort gibt es eine sehr schöne tausend Jahre alte Kirche auf einer Insel im See. Und da sind Katzen, die in dem See schwimmen und Fische fangen. Sie haben alle weißes Fell und ein blaues und ein grünes Auge.« Mr B hatte nicht das Herz, ihm zu sagen, dass er die Stadt Van gut kannte (er hatte dort sogar einige Jahre zuvor zwei Teppiche gekauft), und ebenso die außergewöhnliche armenische Kirche auf der Insel Akdamar, und dass er einen Freund in Wimbledon hatte, der zwei von den weißen Katzen mit dem blauen und dem grünen Auge besaß – die Mr B allerdings noch nie hatte schwimmen sehen. Und so sagte er nichts davon und von all den anderen wunderbaren (aber natürlich verfallenen) Kirchen, die er in den Provinzen Kars und Artvin im Nordosten der Türkei gesehen hatte.

Und so geschah es, dass Pawlowa mit einer kleinen Fähre vom südlichen Ufer des Vansees zu der Insel fuhr, durch eine Wolke funkelnder blauer Libellen, um die

Kirche herumging (und da niemand protestierte, sogar hinein) und dann den Hügel hinauf bis zu der hohen Klippe, in der Seevögel nisteten, obwohl die Insel zweihundert Meilen vom Schwarzen Meer im Norden und dreihundert Meilen vom Mittelmeer im Westen entfernt ist. Zu Mr Bs großer Freude brauchte Pawlowa, wie schon bei dem Ausflug zum Berg Ararat, kein Halsband und keine Leine, und wenn sie wie ein Hund stehen blieb, um die Witterung eines anderen Tieres aufzunehmen (sogar die einer Biene – Bienen faszinierten sie, aber sie war immer vorsichtig, um nicht gestochen zu werden) oder eine noch unbekannte Blume zu kosten, lief sie danach mit ein paar Galoppsprüngen los, um ihn wieder einzuholen. Sie wird jeden Tag mehr wie ein Hund, dachte er bei sich. Und Osman verliebte sich sofort in sie. »Wir haben auch eine Eselin zu Hause«, sagte er. »Sie lebt in einem Stall, und meine Mutter reitet auf ihr zum Markt, aber sie interessiert sich für nichts.« »Wenn das so ist«, erwiderte Mr B, »müssen Sie, wenn Sie wieder zu Hause sind, mit ihr reden, mit ihr spazieren gehen und sie von Hand füttern – dann wird sie Sie kennen lernen und sich mit Ihnen anfreunden.«

Und so begann für Mr B ein kleiner Urlaub. Er musste sich keine Gedanken um den nächsten Abschnitt der Reise machen, musste nicht stundenlang zu Fuß gehen oder sich von irgendeinem Gefährt durchschütteln lassen, musste keinen Platz für die Nacht finden und kein Wasser und keine Lebensmittel schleppen, und vor allem musste er sich keine Sorgen um Pawlowa machen, denn sie fühlte sich in ihrem mobilen Stall sehr wohl und hatte schnell gelernt, dass Mr B, falls er sie einmal allein ließ, bald wieder zurückkam. Osman fuhr mit ihnen durch Dörfer, die so arm waren, dass die Menschen dort getrockneten Dung einsammelten, um damit im Winter zu heizen. Sie kamen an Wasserbüffeln vorbei, die durch schlammige Gräben stapften, und an Kamelen und Nomaden mit großen Zelten aus schwarzem Stoff und Strohmatten an den Seiten, die hochgerollt werden konnten, wenn es darin zu warm wurde. Und wenn sie in eine Stadt kamen, schien Osman stets zu wissen, wo es ein ruhiges, komfortables Hotel gab, ein Restaurant mit wirklich gutem Essen (obwohl Mr B eine Vorliebe für gebackene Zwiebeln entwickelt hatte) und einen sicheren Ort, an dem sie den Transporter mit Pawlowa über Nacht stehen lassen konnten.

Kein einziges Mal ließ Osman Mr B die Rechnung begleichen, und bei ihrer Ankunft sagte er immer *sotto voce* (das bedeutet sehr leise, aber nicht so leise wie ein Flüstern) etwas zu dem Mann, der zuständig war (in der Türkei ist es fast immer ein Mann, manchmal auch ein Junge, aber niemals eine Frau), was umgehend ein viel zu breites Lächeln und eine viel zu begeisterte Begrüßung hervorrief. Für Mr B, der sein Leben lang und überall am liebsten unsichtbar gewesen wäre, war das anstrengend, sogar nervenaufreibend, aber er musste zugeben, dass er stets ein ruhiges Zimmer mit schönem Ausblick und wirklich hervorragendes Essen bekam. Allerdings hatte er den Verdacht, dass Osman Sonderpreise aushandelte und die Differenz in die eigene Tasche steckte (was er jedoch nicht beweisen konnte). Und dann gab es da noch das Problem mit den öffentlichen Veranstaltungen, über die Osman bestens unterrichtet zu sein schien. Bis zu seinem letzten Atemzug würde Mr B sich an einen schier endlosen Abend in Diyarbakır erinnern, einer der ältesten und edelsten Städte im Osten der Türkei, bei dem er anlässlich eines nationalen Festivals zusammen mit dem Präsidenten der türkischen Volkstanzvereinigung in der ersten Reihe sitzen musste. Sämtliche Tänze und all das Gelärme und Gesinge kamen ihm gleich vor, und er litt an schmerzhaften Krämpfen, weil direkt hinter ihm ein riesiger Lautsprecher stand und er sich den ganzen Abend das linke Ohr zuhalten musste.

Etwa zweihundert Meilen westlich von Diyarbakır kamen sie mitten an einem sehr heißen Nachmittag in die Stadt Kahramanmaraş, die berühmt ist für eine ganz besondere Sorte Eis, die es nur in der Türkei gibt. Sie lässt sich wie Gummi zwischen den Händen langziehen, zusammenballen und erneut langziehen, und das immer wieder – ein beliebter Showeffekt, obwohl das Eis nicht viel anders schmeckt als jedes gute europäische Eis (übrigens wurde auch das Sorbet, das fruchtige Wassereis, in der Türkei erfunden). In einem Café isst man es am besten mit Messer und Gabel, denn an einem Löffel bleibt es kleben, zieht sich genauso in die Länge wie bei der Vorführung und kann eine ziemliche Sauerei verursachen. Osman hielt vor dem prächtigsten Café in der Hauptstraße, und als Mr B mit offenem Mund vor all den Leckereien im Schaufenster stand, kam ein Kellner mit etwas Köstlichem zwischen Daumen und Zeigefinger heraus und schob es ihm in den Mund. Es schmeckte nach Honig und Nüssen, nach Speck und Eiern, nach Blätterteig und Marmelade, alles zugleich, und Mr B ging hinein, setzte sich und aß noch viel mehr davon und andere Süßigkeiten und Eiscreme und Sorbet-Frappé, und dazu trank er tiefschwarzen Kaffee. Dann war Pawlowa an der Reihe. Osman hob sie aus dem Wagen, Mr B setzte ihr den Strohhut auf, und der Kellner zog direkt vor ihrer Nase Eiscreme lang, so dass sie erst daran lecken und dann hineinbeißen konnte. Mr B hätte schwören können, dass sie die Augen schloss und genüsslich »Mmmmmmm...« machte. Die Leute fotografierten sie.

Die Straße von Kahramanmaraş nach Norden ist für türkische Verhältnisse in gutem Zustand und führt mit vielen Kurven und Kehren durch die Berge, was Osman dazu verführte zu fahren, als säße er am Steuer eines Rennwagens. Doch während er das in vollen Zügen genoss, wurde der armen Pawlowa übel – sehr übel sogar –, und als sie anhielten, damit sie ein paar Schritte gehen und sich erholen konnte, übergab sie sich immer wieder, obwohl ihr Magen längst leer war. Mr B schwor sich, dass er sie nie wieder Süßigkeiten fressen lassen würde – oder zumindest nicht in solcher Menge –, und versuchte ihr ein paar Möhren zu geben, um ihre Zähne zu säubern, doch sie wollte nicht und ließ den Kopf hängen. Osman hatte derweil mit den Füßen das schmutzige Heu aus dem Wagen geschoben, damit der Wind es davontragen konnte. Sie brauchten dringend frisches, und so fuhren sie in gemäßigtem Tempo weiter. Pawlowa lag vorne zwischen ihnen, den Kopf wieder auf Mr Bs Schoß, wie beim allerersten Abschnitt ihrer Reise, und Mr B fiel auf, dass sie seither merklich größer und schwerer geworden war.

Sie fanden mehr als Stroh. Sie fanden ein Bauernhaus, wo sie übernachten, zu Abend essen und Pawlowa in den Stall bringen konnten. Dort waren noch mehr Esel, viel größer und zotteliger als sie, aber sie begrüßten sie sehr herzlich. Mit der Familie zu essen bedeutete, auf dem Boden zu sitzen, in der Mitte ein großes rundes Tablett mit Schüsseln voll Reis, gebratenen Paprikaschoten, Tomaten, Kartoffeln und gekochten Lammfleischstücken am Knochen, die aussahen, als hätte ein Blinder sie mit einer Axt zerteilt.

»Heute«, sagte Osman am nächsten Morgen, weil er merkte, dass Mr B unruhig war und weiterkommen wollte, »fahren wir dreihundert Meilen, bis kurz hinter Ankara, und mit etwas Glück sind wir morgen am frühen Nachmittag in Istanbul, wo ich Sie dem Botschafter übergeben werde.« Das bedeutete, dass sie quer durch Kappadokien rasen würden, ein Gebiet in der Mitte des Landes, in dessen wilder, bizarrer Vulkanlandschaft die Erosion lauter sandige Felsen gebildet hat, die aussehen wie riesige Ameisenhügel. Jahrhundertelang schlugen die Menschen Höhlen hinein, um darin zu wohnen, und als vor zweitausend Jahren das Christentum dorthin kam, wurde es ein Ort, an den Mönche und Eremiten sich zurückzogen. Sie bauten kleine Kirchen in den weichen Fels und bemalten die Wände mit Szenen aus der Bibel. Mr B kannte die Gegend gut, denn Alexander der Große war dort gewesen. Seine Truppen waren durch das breite Flusstal des Halys marschiert (der jetzt Kızılırmak heißt), während er mit ein paar Freunden im wilden Galopp über den trockenen Salzsee westlich davon geritten war.

Mr B stieß einen Seufzer der Erleichterung aus (aber ohne sich etwas anmerken zu lassen). Wäre Pawlowa nicht gewesen, hätte er Kappadokien gerne einmal wieder besucht und ein paar alte Freunde überrascht, aber sie war nun mal da, an seiner Seite, und er war für sie verantwortlich. Bisher hatte er enormes Glück gehabt, aber die drei Wochen auf der Straße hatten ihn erschöpft. Das hier war kein Urlaub, und es war auch keine von seinen zigeunerhaften Gelehrtenexpeditionen, wie es der lange Marsch in den Fußstapfen von Alexander dem Großen gewesen war. Es war eine Rettungsaktion, und wenn irgendetwas schiefging, konnte es in einer Katastrophe für die arme Pawlowa enden. Und zu dieser inneren Unruhe gesellte sich noch ein anderes Gefühl, das neu für ihn war: die Sehnsucht nach seinem Zuhause, seinen Hunden, seinen Büchern und seinen Teppichen. Also gaben sie Gas, aber selbst der findige Osman konnte dem dichten Verkehr nicht entkommen, der auf Ankara zusteuerte – wie er es auch in London, Tokio und New York tut –, und da er sehr müde war, übernachteten sie dort, wo sie leicht unterkommen konnten, und machten das Beste daraus.

In jenen Tagen war die Straße von Ankara nach Istanbul eine der gefährlichsten der Türkei, und Osman fuhr sehr vorsichtig. Doch als sie in einer staubvernebelten Stadt anhielten, von der aus man gerade eben das Marmarameer sehen konnte (was Meer aus Marmor bedeutet, allerdings ist darin kaum noch Marmor zu finden), um dort etwas zu Mittag zu essen, war Istanbul nur noch eine Stunde entfernt, und sie hatten reichlich Zeit. Deshalb fand Mr B, als sich zu Osmans großer Freude im Garten ihres Restaurants ein paar türkische Ringer zum Kampf aufstellten, dass es kleinlich wäre, wenn er darauf bestünde, umgehend weiterzufahren. (Immerhin, dachte er, gibt es keine Musik.) Nun muss man wissen, dass türkisches Ringen nicht wie englisches oder olympisches Ringen ist. Meistens findet es draußen statt, auf einem Rasenstück (wenn sich denn eines finden lässt). Die Ringer sind barfuß und tragen nur eine Hose aus sehr festem schwarzem Leder mit einem Gürtel oder einem Seil um die Taille, an dem die Gegner sie festhalten können. Da alle von oben bis unten mit Olivenöl eingerieben sind, haben die Männer Mühe, einander zu fassen zu kriegen, und die Kämpfe können sehr komisch sein (wenn auch nicht absichtlich). Mr B

konnte nicht erkennen, ob es irgendwelche Regeln gab, und falls Osman sie kannte, behielt er sie für sich. Beide waren überrascht, als nach einem besonders langen Kampf der Sieger sich die arme Pawlowa schnappte, sie über seinen Kopf hob und einen Tanz hinlegte, der mit einem jungen Löwen oder Leoparden beeindruckend ausgesehen hätte, aber mit einer strohhuttragenden kleinen Eselin ausgesprochen lustig wirkte.

Sie rutschte an seinem Oberkörper entlang, als er sie wieder absetzte, und mit ihrem öligen Fell tränkte sie dann auch Mr Bs Hemd und Hose. Der arme Mr B hatte keine sauberen Sachen zum Wechseln, aber Pawlowa wurde in den Küchenbereich des Restaurants gebracht, wo man sie mit kaltem Wasser und reichlich Seifenschaum säuberte, was ihr gar nicht gefiel.

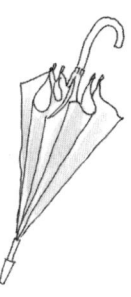

IX
In Istanbul übernimmt die Frau des Botschafters das Kommando

Genau um 14.15 Uhr am dreiundzwanzigsten Tag ihrer Bekanntschaft wurden Mr B und Pawlowa von Osman in Istanbul über die erste große Brücke gefahren, die den europäischen und den asiatischen Kontinent verbindet, und dann weiter an der europäischen Küste des Bosporus entlang zum Sommerhaus des britischen Botschafters. Dort verabschiedeten sie sich mit Umarmungen, denn Osman hatte Mr B und Pawlowa in sein Herz geschlossen – und das äußerst großzügige Trinkgeld, das Mr B ihm gab, verstärkte diese Zuneigung noch.

Der arme Mr B hatte zuletzt saubere Kleider getragen, als er tausend Meilen zuvor mit dem stellvertretenden Gouverneur zu Abend gegessen hatte. In der Zwischenzeit hatte er Honig und Eis darauf gekleckert, und Pawlowa hatte noch einen großzügigen Ölfleck hinzugefügt. Er war in einem Zustand, in dem er dem Botschafter unmöglich unter die Augen treten konnte.

Aber der Botschafter war noch gar nicht zu Hause, und stattdessen empfing ihn dessen Frau Laetitia.

Glücklicherweise war sie daran gewöhnt, schmuddelige englische Reisende zu empfangen, die aus irgendeinem verrückten Grund beschlossen hatten, durch die Berge von Hakkari im äußersten Südosten des Landes zu kraxeln oder mit dem Kanu den schnell fließenden Euphrat (den geschichtsträchtigsten Fluss der Türkei und auch Europas) entlangzupaddeln oder den Fußstapfen Alexanders des Großen zu folgen, und war für einen ganzen Trupp von Mr Bs ausgerüstet. Außerdem verstand sie eine Menge von Pferden (wie vermutlich die meisten Frauen, die Laetitia heißen) und war entsprechend auch für Pawlowa ausgerüstet. Angesichts der Größe seines Rucksacks schätzte sie, dass Mr B nicht mehr als eine Zahnbürste und ein, zwei Bücher dabeihatte, und rief einen Dienstboten herbei. »Das ist Haydar«, sagte sie. »Er wird dafür sorgen, dass Ihre Sachen gewaschen werden, und in der Zwischenzeit können Sie sich etwas aus dem Schrank meines Mannes aussuchen. Dieses Abendessen ist zwar informell, aber ...« Sie verstummte diskret, woraufhin Mr B an ihrer Stelle fortfuhr: »Aber ich sehe zum Erbarmen aus.« Sie lachte. »Wir werden uns gut verstehen. Und wer ist das da?«, fragte sie und wandte sich zu Pawlowa.

Daraufhin erzählte Mr B ihr von dem Abend in Peschawar und allem, was er nach sich gezogen hatte,

und als er zu der Stelle kam, wo Osman wie ein Renn-
fahrer durch die Kurven gerast war und Pawlowa sich
übergeben hatte, rief sie Haydar und fragte ihn, ob Osman schon wieder nach Ankara aufgebrochen war. Das
war er nicht, und so bat sie ihn, das frische Stroh aus
dem Transporter in einen hübschen kleinen Pavillon zu
bringen, wo Pawlowa über Nacht bleiben sollte. Ein wenig später, während Mr B duschte und versuchte, unter
den älteren Sachen des Botschafters etwas zu finden,
worin er nicht aussah wie ein Clown (der Botschafter
war wesentlich größer und imposanter als er), kümmerte Laetitia sich um Pawlowa und striegelte ihr Fell
so geschickt, dass die kleine Eselin so hübsch und glatt
aussah wie ein Windhund.

In Laetitias Kopf nahm ein Plan Gestalt an, und als
der Botschafter (der Horatio hieß) mit einigen anderen
Gästen eintraf, alle mit einem Glas in der Hand im
schattigen Garten standen und Mr B die Geschichte von
ihm und Pawlowa ein zweites Mal erzählt hatte, sagte
sie zu ihrem Mann: »Schatz, du hast doch nichts dagegen, dass ich Osman gebeten habe, noch ein, zwei Tage mit dem Transporter hierzubleiben, oder?« Horatio
antwortete darauf nicht, sondern sah sie über den Rand
seines Glases hinweg an und erwiderte: »Hast du etwas
im Sinn?« »Nun – ja. Nachdem wir Mr B und Pawlowa
den ganzen weiten Weg von Doğubayazıt hierherge-
bracht haben, können wir sie doch nicht einfach auf der
Straße absetzen und per Anhalter nach Griechenland
fahren lassen. Warum bitten wir Osman nicht, die beiden zur Grenze zu bringen? Dann wissen wir, dass wir
unser Bestes getan haben und dass wir innerhalb deines

Zuständigkeitsbereichs nicht mehr hätten tun können. Und ich möchte sie dorthin begleiten.«

Laetitia nahm an, dass Horatio zugestimmt hatte (was in der Tat der Fall war, obgleich er kein Wort gesagt hatte), und winkte unauffällig Diener herbei, die erst den Garten mit Laternen erhellten und dann dort ein köstliches Mahl aus kalten Gerichten servierten, die sich gut in der Hitze essen ließen, wie es in der Türkei üblich ist. Das lockte auch Pawlowa herbei, die bis dahin vorsichtig die Blumenbeete und Sträucher inspiziert hatte; sie trabte an Laetitias Seite und hätte deren Teller abgeleckt, hätte sie nicht mit einem in Gin getauchten Finger einen Klaps auf die Nase bekommen. Vor Schreck machte sie einen komischen kleinen Sprung mit allen vier Beinen gleichzeitig, den Mr B noch nicht an ihr gesehen hatte. Ein paar von den Gästen waren nicht sehr angetan und scheuchten sie weg, aber die anderen fanden es herrlich, dass ein Esel sich benahm wie ein Familienhund.

Am nächsten Tag ging Mr B, nun wieder in seinen eigenen Kleidern, die frisch gewaschen und gebügelt waren, hinunter zum Frühstück – und diesmal gab es nicht das schlichte Brot mit Honig, an das er sich hier in der Türkei gewöhnt hatte, sondern ein englisches Frühstück mit Speck und Würstchen, die aus London eingeflogen worden waren. Ein Hoch auf Fortnum & Mason, dachte Mr B, während er die kross gebratenen Speckstreifen und die saftigen Würstchen aß – das älteste, großartigste und schönste Lebensmittelgeschäft auf der ganzen Welt, das sogar den Herzog von Wellington bei seinen Schlachten gegen Napoleon und Florence Nightingale im Krimkrieg beliefert hatte. Wissen die eigentlich, wie exotisch ihr Speck und ihre Würstchen hier im fernen Istanbul wirken?

Auch Laetitia war früh auf. Die beiden gaben ein seltsames Paar ab, denn Mr Bs Kleider waren offensichtlich sehr alt und nicht einmal mehr für einen Wohltätigkeitsladen geeignet, während Laetitia in ihrem makellosen weißen Leinenanzug und dem riesigen Hut aus feinstem weichem Stroh aussah, als wäre sie direkt aus einer internationalen Modezeitschrift gestiegen. Horatio winkte ihnen mit dem Schmunzeln eines Mannes nach, der nicht so recht wusste, was seine Frau vorhatte, und Osman fuhr sie mit dem Transporter an der nördlichen Küste des Marmarameers entlang, die zur griechischen Grenze führt.

Nun muss man wissen, dass die Griechen nicht viel für die Türken übrighaben und umgekehrt ebenso wenig – dazu war ihre Geschichte im Lauf der letzten fünfhundert Jahre zu turbulent: Besetzung, religiöse Konflikte, kulturelle Unterdrückung, Rebellion, Revolution, Freiheit, Krieg, Argwohn und Misstrauen. Die Grenze zwischen den beiden Ländern ist nur etwa achtzig Meilen lang, aber an den Hauptübergängen herrscht solche Feindseligkeit und Bosheit, dass Reisende gleich welcher Nationalität oft mindestens zwei Stunden warten müssen, manchmal auch noch viel länger. Laetitia jedoch hatte nicht die Absicht, auch nur zwei Minuten zu warten, und so hatte sie beschlossen, Mr B nicht am Grenzposten von İpsala abzusetzen, sondern in Alexandroupoli, der ersten nennenswerten Stadt dahinter. Osman wollte sich, vorsichtig, wie er war, in der Schlange einreihen und warten, doch Laetitia drängte ihn, ganz selbstverständlich weiterzufahren und nur anzuhalten, wenn die Wachposten es ihm befahlen. Einer tat es dann auch, doch Laetitia wedelte mit irgendwelchen diplomatischen Papieren und deutete auf das Diplomatenkennzeichen und das Wappen, und das schüchterte den Mann so ein, dass er sie durchfahren ließ, ohne auch nur auf die Idee zu kommen zu fragen, was sich hinter den getönten Scheiben befand, durch die er nicht hindurchsehen konnte.

»Warum haben Sie das getan?«, fragte Mr B, der sich schon darauf eingestellt hatte auszusteigen. Laetitia erklärte ihm, dass er und Pawlowa kaum eine Chance hatten, in Griechenland mitgenommen zu werden, wenn sie sich an die Straße stellten, dass sie im Gegenteil wahrscheinlich mehrmals am Tag im Graben landen würden. »Stattdessen setze ich Sie in Alexandroupoli in einen Zug nach Thessaloniki. Das ist eine große, laute, schmutzige Stadt, wo Sie und Pawlowa kaum atmen können werden, so verdreckt ist die Luft, und ab da müssen Sie alleine weiterkommen, aber ich habe dann wenigstens die Befriedigung zu wissen, dass ich Sie sicher durch neun Zehntel Ihrer Reise durch Griechenland gebracht habe.«

Mr B dankte ihr auf die stille Weise, die manchen Engländern eigen ist, wenn jemand ihnen einen großen Dienst erwiesen hat – zu still, wie manch einer finden mag, aber für Mr B war dies eine Situation, in der Worte nicht genug waren, und deshalb fand er, je weniger, desto besser. Ihm würde schon eine bessere Möglichkeit einfallen, ihr zu danken, wenn er wieder in England war. »Eine Kleinigkeit verwirrt mich«, sagte er. »Warum sind Sie so elegant angezogen? Sie schmuggeln einen Esel über die Grenze, aber Sie tragen dabei Sachen, mit denen Sie ohne weiteres auf eine Party im Buckingham Palace gehen könnten.« Und zum zweiten Mal auf dieser Reise lautete die Antwort: »Warten Sie's ab, Sie werden schon sehen.«

Er musste warten, bis sie im Bahnhof von Alexandroupoli waren. Dann sah er, wie überzeugend und verführerisch die Frau eines britischen Botschafters sein konnte. Mr B sprach kaum drei Sätze modernes Griechisch, aber Laetitia schien die Sprache perfekt zu beherrschen. Während Mr B und Osman Pawlowa ausluden und ihr die Satteltaschen auflegten, setzte sie ihren prachtvollen Hut auf, und dann ging sie mit ihnen zum Schalter.

Er sah, wie sie mit dem Fahrkartenverkäufer hinter seiner kleinen Scheibe sprach; dann, wie sie durch eine Tür mit der Aufschrift Bahnhofsvorsteher geführt wurde; und schließlich, wie sie mit verschiedenfarbigen Papieren in der Hand wieder herauskam. Die, so erklärte

sie ihm, erlaubten ihm, mit Pawlowa im Wagen des Schaffners bis nach Thessaloniki zu fahren, allerdings könne es sein, dass er zwei- oder dreimal umsteigen müsse, deshalb die verschiedenen Papiere. Sie hatte ihnen erzählt, Mr B sei ein berühmter englischer Gelehrter, und man müsse ihm die Fahrt so bequem wie nur möglich machen. Daraufhin hatte der Bahnhofsvorsteher sich bereit erklärt, seinen eigenen Bürosessel (in dem er jeden Nachmittag sein Nickerchen hielt) in den Wagen des Schaffners laden zu lassen, und der Sessel würde Mr B bei jedem Umstieg begleiten, bis nach Thessaloniki. Und mit einem zärtlichen Klopfen für Pawlowa, einer Umarmung und einem Kuss auf die Lippen für Mr B (ausnahmsweise) und einem leisen: »Jetzt wissen Sie, warum ich mich so angezogen habe«, stieg sie in den schwarzen Transporter, und Osman fuhr mit ihr davon.

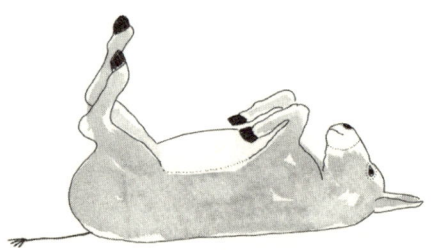

X
Der langsame Zug von
Andreas Papagos

D a ihr Zug erst in einer halben Stunde abfuhr,
besorgten Mr B und Pawlowa sich noch etwas
zum Abendessen. Als sie mit Obst und Gemü-
se für sie, Brot und Käse für ihn und reichlich Wasser
für sie beide zurückkamen, wurde gerade der Sessel in
den Waggon geladen – ein massives Holzgestell mit
gepolstertem Sitz und ebensolchen Armlehnen (die so
abgewetzt waren, dass bereits die Füllung aus Baumwolle und Rosshaar herausschaute). Mr B gab dem
Schaffner die Hand, hob Pawlowa hoch und kletterte
in den Waggon. Die Strecke war voller Kurven und der
Zug sehr langsam. Es wurde Nacht; Pawlowa schlief
auf ihrem Schaffell, und Mr B döste in dem Sessel, als
der Schaffner verkündete, sie müssten umsteigen. Der
neue Zug würde erst am Morgen abfahren, aber der
neue Schaffner, ein freundlicher alter Mann mit einem
weißen Schnurrbart, der Andreas Papagos hieß, sagte,
da sie den Sessel dabeihätten, sollten sie es sich ruhig

in seinem Waggon bequem machen und die Nacht dort verbringen.

Andreas war so alt, dass er nie zur Schule gegangen war, aber er hatte seit jeher, sogar schon als Kind, bei der Bahn gearbeitet. Dass er Englisch sprach, lag an seiner Leidenschaft für amerikanische Filme, vor allem Western, und Mr B sollte sich noch so manches Mal über seine Ausdrucksweise wundern. Andreas hätte schon längst in Pension gehen sollen, aber er wusste alles, was es über die Zugstrecke von Alexandroupoli nach Thessaloniki zu wissen gab, und er kannte die Reisenden aus jeder Stadt und jedem Dorf, jeden Bauern, jeden Hirten (sein Waggon war oft voller Schafe und Ziegen), jeden, der etwas auf dem Markt zu verkaufen hatte. Während der Zug vorwärtstuckerte – manchmal so langsam, dass man zu Fuß nebenher hätte laufen können –, erzählte er Mr B, wie die Griechen in diesem Teil ihres Landes

während der letzten hundert Jahre gegen die Türken gekämpft hatten (die ganz Griechenland fünfhundert Jahre lang besetzt hatten), gegen die Bulgaren (die es gerne
besetzt hätten), gegen die Italiener und die Deutschen
(die im Zweiten Weltkrieg dort einmarschiert waren)
und sogar gegeneinander, in einem schrecklichen Bür-
gerkrieg zwischen den Kommunisten und ihren Geg-
nern aus dem rechten Flügel, zwischen Republikanern
und Anhängern der königlichen Familie, die mehrfach
des Landes verwiesen worden war. Er selbst hatte 1913
als Junge, bevor ihm der Bart gewachsen war, einem
Bulgaren die Kehle durchgeschnitten.

Mr B fand diese Erzählungen höchst interessant,
doch wenn er Mr Papagos jetzt vor sich sah, Urgroßvater von achtzehn Kindern im Alter des
Kehledurchschneidens, freundlich, sanft
und aufmerksam (er hatte ihm einen
angeschlagenen weißen Becher mit
heißem Kaffee und frisch gebackenes
Brot gebracht und Pawlowa eine sü-
ße Melone), fiel es ihm schwer, diesen
liebenswürdigen alten Mann mit dem
Bild des blutrünstigen Jungen in Einklang
zu bringen, als den er sich selbst dargestellt hatte.

Andererseits, dachte Mr B, sehe ich auch nicht mehr
aus wie der Schuljunge, der ich mit fünfzehn war, oder
wie der junge Mann von fünfundzwanzig oder fünf-
unddreißig Jahren. Wir alle verändern uns, und zwar
immer weiter, bis wir sterben.

Während Mr B über diese Dinge nachsann, war auch
Mr Papagos in Gedanken vertieft; er machte sich Sor-

gen, wie seine beiden seltsamen Passagiere in Thessaloniki zurechtkommen sollten. Dort waren überall zu viele Fußgänger auf den Gehwegen und zu viele Autos auf den Straßen, und vor allem gab es keinen erkennbaren Weg aus der Stadt heraus und zu der Straße, die nach Norden zur Grenze von Mazedonien und dem Rest von Europa führte. Außerdem sprach Mr B kaum ein Wort Griechisch und konnte sich nicht durchfragen. Und selbst wenn er die Straße fand, die zwanzig Meilen vom Stadtzentrum entfernt begann (ein anstrengender Marsch für Pawlowa), nützte ihm das wenig, denn es war eine Autobahn, und dort würde keines der vorbeirasenden Autos anhalten. Er an Mr Bs Stelle würde die Straße vorziehen, die *hinter* der mazedonischen Grenze begann, ungefähr fünfzig Meilen nördlich von Thessaloniki, wo sich die Autobahn zu einer sehr gefährlichen, aber gewöhnlichen zweispurigen Straße verengte. Wenn Mr B und Pawlowa also bis zu dem Dorf Dojran, das kurz vor der Grenze lag, mit dem Zug fuhren, standen die Chancen gut, dass jemand sie dort mitnahm, über die Grenze und auf diese Straße, die aller Verkehr Richtung Norden und durch die nun unabhängigen Länder des einstigen Jugoslawien nehmen musste.

»Ich habe nachgedacht«, sagte Mr Papagos. »Ich auch«, sagte Mr B, ebenfalls sehr besorgt, denn er kannte diese Straße und Thessaloniki, weil er auf seinem Weg in die Türkei schon oft dort entlanggefahren war. »Wollen wir schauen, ob wir dasselbe gedacht haben?«, fragte er, und natürlich stellte sich heraus, dass dem so war. Mr Papagos erzählte ihm von seinem Plan, sie bis Dojran mitfahren zu lassen, wo ganz in der Nähe, gleich hinter der Grenze, ein Campingplatz am See lag. »Mit etwas Glück können Sie und Pawlowa einfach zu Fuß dorthin gehen und da übernachten. Und mit ein bisschen mehr Glück nimmt ein anderer Camper – vielleicht ein Deutscher (dort sind jede Menge Deutsche) – Sie morgen früh mit.« Dann gab er Mr B einen Zettel mit der Anschrift eines alten Freundes, der ihnen, falls es an der Grenze Schwierigkeiten gab, vielleicht helfen konnte, auf anderem Weg hinüberzukommen.

Als der Zug in Dojran hielt, stiegen Mr B und Pawlowa aus. Mr Papagos folgte ihnen, und mit ernster Miene gaben sie sich die Hand, denn beiden Männern kam es so vor, als würden sie einander schon Jahre kennen, und gleichzeitig ahnten sie, dass sie sich nicht wiedersehen würden. Der Zug tuckerte wieder gen Süden davon, und Mr B stand da, den Schirm gegen die grelle Sonne aufgespannt, und sah ihm nach, bis der Waggon des Schaffners nur noch ein verschwommener roter Punkt war. Er fragte sich, ob der Waggon möglicherweise der älteste des gesamten griechischen – vielleicht sogar des gesamten europäischen – Zugverkehrs war, denn die hölzerne Inneneinrichtung unter dem abgeplatzten, verblichenen Lack zeigte nicht nur Spuren von Abnutzung, sondern auch von Krieg und Aufruhr. Mr B hatte Schrapnellschäden bemerkt, und in einem Moment der Muße hatte er die Einschusslöcher gezählt; bei zweiunddreißig hatte er aufgehört, weil er abgelenkt worden war, und dann hatte er keine Lust gehabt, noch mal von vorne zu beginnen. Hatte der Waggon sein Dasein als türkischer Waggon begonnen, war die Eisenbahn zu jener Zeit unter türkischer Flagge gefahren? War er vorübergehend bulgarisch gewesen? Hatte er in den Jahren 1912 und 1913 Soldaten an die Front des damaligen Balkankriegs gebracht? Hatte er im Ersten Weltkrieg britische Truppen, bekannt als die »Gärtner von Saloniki«, transportiert? Hatten italienische und deutsche Truppen ihn benutzt, um an die nicht feindliche türkische Grenze zu gelangen, als sie im Zweiten Weltkrieg in Griechenland einmarschiert waren? Und so weiter. Ausgelöst durch den Anblick des alten Waggons, hatte Mr Bs Fantasie ihn durch hundert Jahre Geschichte getragen.

Beide, Pawlowa und Mr B, waren froh, wieder auf den Beinen zu stehen, und sie durchquerten den Ort munteren Schrittes. Doch in der Hitze war kaum jemand auf der Straße, und als sie am Grenzübergang ankamen, war nirgends ein Wachposten oder Soldat zu sehen. Auf Zehenspitzen, um niemanden auf sich aufmerksam zu machen, der sich vielleicht in den Betonbunkern aufhielt und nicht schlief, überquerten Pawlowa und Mr B die Grenze nach Mazedonien, das Geburtsland von Mr Bs großem Helden Alexander. Am Campingplatz mietete er eine kleine Hütte für die Nacht, in der er und Pawlowa beide schlafen konnten, dann ging er zum See, um ein wenig zu paddeln. Pawlowa hatte natürlich noch nie so viel Wasser auf einmal vor der Nase gehabt, und sie genoss es sichtlich, erst ihre Hufe darin abzukühlen, dann auch ihre Knie, und als sie die ersten erfrischenden Tropfen am Bauch spürte, begann sie absichtlich herumzuspritzen.

Leute kamen ans Ufer, um ihr zuzusehen, und Kinder bettelten darum, auf ihr reiten zu dürfen, aber Mr B

erklärte ihnen, dass sie noch zu jung war, um Passagiere zu tragen. »Nächstes Jahr vielleicht«, sagte er, und
dann fragte er sich, wie viele Kinder wohl im darauffol-
genden Jahr verlangen würden, in den Ferien wieder
an den Dojransee zu fahren, weil die englische Eselin
vielleicht da sein würde.

Pawlowa, die im Wasser herumplantschte, war genau
die Werbung, die Mr B brauchte, und innerhalb einer
Stunde wussten alle auf dem Campingplatz, dass sie zu
Fuß bis nach London gehen mussten, falls sie nicht jemand mitnahm. Und tatsächlich fand sich jemand bereit, sie mitzunehmen. Es war ein Deutscher mit einem
Gefährt, das halb Auto und halb Transporter war, mit
einer viersitzigen Kabine vorne und einer offenen Ladefläche, auf der man Zelt, Schlafsäcke, Grill und alles
mögliche andere unterbringen konnte. Eigentlich wollte
er Pawlowa kaufen, für seine Kinder, aber ganz gleich,
wie hartnäckig er es versuchte und wie viel Geld er ihm

bot, Mr B weigerte sich – und genau wegen dieser un-erschütterlichen Weigerung erbot sich Mr Helmut Rie-menschneider, ihn und Pawlowa ein Stück zu fahren. »Wir bleiben noch eine Woche hier«, sagte er, »und wenn ich Sie morgen zur Hauptstraße bringe, haben meine Kinder Pawlowa vergessen, bis wir uns auf den Heimweg machen. Am besten fahren wir ganz früh los, wenn sie noch schlafen.« Und so kam es, dass Mr B und Pawlowa um acht Uhr morgens an der Hauptstraße standen, genau genommen an der E75, wo der Verkehr an ihnen vorbeidonnerte. Helmut hatte sie acht Meilen vor dem nächsten Dorf Richtung Norden abgesetzt, so dass sie nur dieses Stück gehen mussten, falls niemand sie mitnahm, und Unterstützung finden konnten, bevor die Hitze das Gehen mühsam und gefährlich machte.

XI
Auf Schusters Rappen bis zur Rettung durch einen Rolls-Royce

Nichts und niemand hielt an. Ein paar Autos fuhren langsamer, damit die darin Sitzenden über den Mann und seinen Esel lachen konnten, die per Anhalter fahren wollten, und viele Lastwagen hupten, ob als Warnung oder aus Spott, wusste Mr B nicht. Es ermüdete ihn, ständig über die Schulter zu blicken, und er hatte schon einen verdrehten Nacken, und auch Pawlowa, die gelegentlich strauchelte, sah nicht so aus, als ob sie sich wohlfühlte. Erschöpft und niedergeschlagen kamen sie im nächsten Dorf an, und da hatte Mr B zwei Ideen. Die erste war, die E75 zu verlassen und es mit kleineren, ruhigeren Nebenstraßen zu versuchen, die weniger gefährlich waren, wo sie aber wahrscheinlich immer nur ein kleines Stück mitgenommen werden würden. Aber dafür brauchte er eine sehr gute Karte, denn die Straßen im Balkan führen nur selten dorthin, wohin sie angeblich führen sollen, und viele enden auch einfach auf halbem Weg einen Berg hinauf oder im Nirgendwo. Seine zweite Idee war, jemanden im Dorf zu finden, der ihm ein einfaches Schild an einem Stock anfertigte, das er über der Schulter tragen konnte – und dafür entschied er sich dann auch, allerdings ohne sich klarzumachen, dass er nicht gleichzeitig auch den Schirm tragen konnte.

Er ging zu einem Gebäude, das wie ein Postamt aussah (aber keines war), und erklärte, was er wollte. Der Mann am Tresen verstand ihn nicht, und er verstand den Mann am Tresen nicht. Gemeinsam gingen sie nach nebenan zum Hufschmied, der nach einigem Hin und Her verstand, aber dachte, Mr B wolle das Schild aus Schmiedeeisen, was natürlich viel zu schwer gewesen wäre. Dann gingen alle drei samt Pawlowa zum Dorftischler, und der verstand sofort, nahm an Mr B Maß, um die Länge des Stocks zu berechnen und die Höhe, auf der das Schild sitzen sollte, und machte sich ans Werk. Gegen Ende des Nachmittags war es fertig. Es wog etwas weniger als Mr Bs Schirm, und auf der sechzig Zentimeter breiten Tafel stand – in schwarzen Großbuchstaben auf weißem Grund, mit einem schmalen schwarzen Rand drum herum – nur ein einziges Wort: LONDON. Danach besah sich der Hufschmied Pawlowas Hufe, hobelte sie ein wenig ab, damit sie gleichmäßig waren, bot ihr Heu und einen Stall für die Nacht an und Mr B eine Strohmatratze auf dem Boden seiner Schmiede, und dort kochte er dann auf dem Ofen einen Eintopf. Mr B konnte nicht sehen, was hineinkam, er wusste nur, dass der Eintopf schon da gewesen war und dass der Schmied mit seinen alles andere als sauberen Händen noch einiges hinzufügte. Er hoffte, dass es klein geschnittenes Lamm- oder Hammelfleisch war und nicht ein ferner Verwandter von Pawlowa. Der Tischler holte noch zwei große Flaschen selbst gebrannten Sliwowitz (der sehr starke Pflaumenbranntwein des Balkans), und dann konnte das fröhliche Mahl beginnen. Pawlowa war die Einzige, die am nächsten Morgen kein Kopfweh hatte.

Früh um kurz nach acht standen Mr B und Pawlowa wieder an der Hauptstraße, sie mit einem Ballen Heu, den der Hufschmied ihr zum Abschied geschenkt hatte, und er mit dem Schild über seiner Schulter, so dass das Wort LONDON für alle Fahrzeuge, die von hinten kamen, gut zu sehen war. Dennoch hielt auch diesmal niemand an. Ein glänzender Mercedes nach dem anderen rollte vorbei, ein BMW nach dem anderen, alle mit dem Buchstaben D für Deutschland auf ihrem Nummernschild.

Es gab heruntergekommene alte Autos aus Kroatien und Mazedonien, Ungarn und Herzegowina, Bosnien und Bulgarien und gepflegte neue Autos aus den Niederlanden und Belgien, sogar aus Dänemark, aber kein einziges mit einem GB auf dem Nummernschild. Sie trotteten weiter, bis Mr B wusste, dass er bald seinen großen Schirm aufspannen musste, damit sie wenigstens ein bisschen Schatten fanden, und wenn er den über ihre Köpfe hielt, konnte er nicht noch das Schild und Pawlowas Leine festhalten.

Er war kurz davor zu verzweifeln, als er hinter sich das Geräusch eines Autos mit kaputtem Auspuff hörte. Das war kein Grund sich umzudrehen, und er tat es auch nicht, aber das Geräusch interessierte ihn, denn zu seiner Schulzeit, als er in einem Klassenzimmer eingesperrt gewesen war, wo bebrillte Lehrer mit einem Hang zur Grausamkeit versucht hatten, ihm elliptische Funktionen beizubringen, hatte er seine Langeweile gelindert, indem er mit geschlossenen Augen auf das Geräusch der vorbeifahrenden Autos lauschte und zu erraten versuchte, zu welchem Motor es jeweils gehörte. Er konnte dreiundfünfzig nicht mit siebzehn multiplizieren oder durch zweieinhalb teilen, aber er konnte einen Vierzylindermotor von einem Sechszylinder unterscheiden, einen Achtzylinder-Reihenmotor von einem V8 und den Parallel-Twin eines alten Morgan von dem Boxermotor eines Jowett Javelin* – bis jetzt eine völlig nutzlose Fähigkeit. Hm, dachte er und kniff die Augen

---

* Ein geniales Auto, das seiner Zeit voraus war, aber seit 1954 nicht mehr hergestellt wird.

zu, das klingt wie ein richtig großer V8. Und als er sie wieder öffnete, sah er, dass der Wagen, der bereits in der Ferne verschwand, ein alter Rolls-Royce Silver Shadow mit einem britischen Nummernschild war, ziemlich schäbig, in ausgeblichenem Braun und sehr lange nicht mehr gewaschen.

Die Worte, die Mr B daraufhin ausstieß, sollen hier nicht wiedergegeben werden, denn unter zivilisierten Menschen werden sie nur *in extremis* verwendet oder in Romandialogen angesagter Schriftsteller. Er und Pawlowa trotteten weiter. Dann hörte er das Geräusch erneut, diesmal jedoch von vorne, und tatsächlich tauchte der Rolls-Royce wieder auf und knatterte mit ohrenbetäubendem Lärm an ihnen vorbei. »Kein guter Rolls-Royce«, sagte Mr B zu Pawlowa. »Genau genommen sogar der schlechteste, den sie je gebaut haben. Silver Shadow haben sie ihn genannt, und genau das war er auch: der Schatten eines vormals edlen Gefährts, das Spielzeug von Klempnern und Kleinganoven. Hätte er angehalten, wären wir besser nicht eingestiegen.« Doch dann hörte Mr B den Auspuff ein drittes Mal, diesmal leiser, eher ein Gurgeln als ein Röhren, und er wusste, dass der Wagen hinter ihnen war und langsamer wurde. Er rollte an ihnen vorbei, hielt dann an, und der Fahrer ließ die Scheibe herunter und sagte die magischen Worte: »Wollen Sie mit? Beim ersten Mal war ich zu schnell, da hatte ich einen Mercedes im Nacken.«

»Ich habe eine Eselin bei mir«, sagte Mr B. »Das habe ich gesehen«, erwiderte der Fahrer. »Das war der Hauptgrund, warum ich zurückgekommen bin. Für die Menschheit habe ich nicht viel übrig, aber eine Eselin in

Not ist etwas anderes. Sie kann hinten einsteigen und sich auf den Rücksitz legen.« »Aber was ist mit den Polstern?«, fragte Mr B – worauf der Fahrer eins von den Wörtern benutzte, die die modernen Schriftsteller so gerne verwenden. Das Gepäck wurde ein wenig umgeräumt, damit die Lücke zwischen der Rückbank und den vorderen Sitzen geschlossen war, und das Schaffell wurde darübergebreitet. Dann stellten sich Mr B und der Fahrer einander vor. Letzterer war ein Buchliebhaber und sammelte alles, was mit Büchern zu tun hatte, vor allem aber seltene Ausgaben, Illustrationen und Manuskripte, und außerdem war er Antiquar, das heißt, er handelte mit alten Büchern.

Mit Vornamen hieß er Hector, sein Nachname war eine von diesen mit Bindestrichen verbundenen Kombinationen aus drei uralten Namen. Eine tausendjährige Geschichte steckt in ihnen, die nicht vergessen werden darf – obwohl es kaum jemanden außer den Nachfahren selbst interessieren dürfte, dass eine der drei Familien in der Schlacht bei Hastings für Harald gekämpft hatte, die zweite für Wilhelm den Eroberer und dass die dritte vom falschen Ende der Matratze stammte, als Karl II. auf dem Thron saß.

Hector hatte in Athen nach Büchern gesucht, weil ihm jemand den Hinweis gegeben hatte, dass vor kurzem ein knauseriger griechischer Buchliebhaber gestorben war, und hatte im Kofferraum einige Handschriften, die vermutlich Griechenland niemals hätten verlassen dürfen, so kostbar waren sie. »Größtenteils Briefe«, sagte er, »die nur für jemanden interessant sind, der sich mit der Geschichte Kretas befasst, aber mit einem absoluten Knaller – von Tizian, dem großen alten Maler in Venedig, an El Greco, den Jungspund in Kreta, mit der Einladung, zu ihm nach Venedig zu kommen und für ihn zu malen.«* »Donnerwetter!«, sagte Mr B – die einzig mögliche Reaktion auf die Entdeckung eines so wichtigen Dokuments (zumindest für die Kunstgeschichte) –, überrascht, dass die Briefe seit der Mitte des sechzehnten Jahrhunderts unentdeckt geblieben waren. Aus diesem Grund wollte Hector so schnell wie möglich zurück nach Hause, aber mit dem kaputten Auspuff zog er dummerweise die Aufmerksamkeit auf sich. Er hatte den Rolls-Royce schon seit ein paar Jahren – der gebrauchte Nachfolger einiger anderer Rolls-Royce, die er auf den Rat eines Onkels hin alle vernachlässigt und, wie man so sagte, in Grund und Boden gefahren hatte. »Die billigste Art, ein Auto zu halten«, hatte der Onkel gesagt. »Und ein Rolls-Royce, der verbeult, zerkratzt und verdreckt ist, lockt keine Diebe an, aber andere Fahrer werden ihn erkennen und Platz machen.« Hector war überzeugt, dass er den Geschwindigkeitsrekord für die Umrundung von Hyde Park Corner hielt.

»Ich vermute«, sagte Mr B, »dass Ihr Auspuff ein Loch hat, dass es höchstens eine halbe Stunde dauern

---

* Tizian (ca. 1485-1576), der führende Maler seiner Zeit in Venedig. El Greco (1541-1614), geboren in Kreta, dann venezianischer Besitz.

wird, ihn zu reparieren, und dass der größte Teil dieser Zeit darauf entfallen wird zu warten, bis er weit genug abgekühlt ist, um daran zu arbeiten.« »Was verstehen Sie denn davon?«, fragte Hector leicht gereizt. »Oh, damals, als ich öfter mit dem Auto in die Türkei gefahren bin, war der Auspuff meist das Erste, was kaputtging, deshalb nahm ich immer ein wenig Werkzeug mit, damit ich unterwegs Reparaturen durchführen konnte.« »Ich kann mir Sie nicht unter einem Auto vorstellen«, sagte Hector. »Warum nicht?«, entgegnete Mr B. »Halten Sie mich etwa für einen Trottel, nur weil ich mit einem Esel unterwegs bin? Dafür brauchen wir nicht mal eine Autowerkstatt, das kann auch ein Schmied reparieren. Und wenn es Ihnen nichts ausmacht, umzukehren und in das Dorf zu fahren, wo ich die letzte Nacht verbracht habe, kann ich Sie zu einem bringen.« Und so fuhren sie zurück. Der Schmied begrüßte sie überschwänglich und war nur allzu gern bereit zu helfen, denn er hatte noch nie einen Rolls-Royce repariert. Der Mann aus dem Laden und der Tischler kamen herbei, um ihm dabei zuzusehen, und bald stand das halbe Dorf um sie herum. Hector machte Fotos von dem Schmied, wie er mit breitem, zahnlückigem Lächeln neben dem Wagen stand, die er später in England vergrößern ließ und an den Schmied schickte, als Erinnerung an das Ereignis. Was die halbe Stunde anging, so hatte Mr B zugleich Recht und Unrecht. Der Schmied brauchte keine fünf Minuten, um ein Stück Blech auf das Loch im Auspuff zu schweißen, aber die Begrüßung, die Freudensbekundungen, der Sliwowitz und die Verabschiedung nahmen fast zwei Stunden in Anspruch. Als der Motor wieder angelassen wurde, war er so leise, wie ein Rolls-Royce sein sollte, und alles, was Mr B hören konnte, war das leise Schnurren eines V8 im Leerlauf.

Hector fuhr Richtung Belgrad, bis es dunkel wurde, und hielt dann bei einem Hotel, das ihm auf dem Hinweg recht gut gefallen hatte. Doch als er um zwei Zimmer bat, gab es ein Problem – das Hotel war nicht auf Esel ausgerichtet und hatte keinen Schuppen oder Ähnliches, wo Pawlowa die Nacht verbringen konnte. »Wenn das so ist«, sagte Hector, »dann geben Sie mir eben drei Zimmer.« Doch diesen Vorschlag verstand der starrsinnige Portier nicht, nicht einmal als Scherz. Er läutete eine Glocke, und jemand Wichtigeres erschien, dem er erklärte (oder zumindest vermutete Mr B das): »Hier sind zwei verrückte Engländer und ein Esel. Sie

wollen zwei Zimmer für sich und ein drittes für ihren vierbeinigen Freund. Sie sehen aus, als könnten sie Ärger machen.« Der wichtigere Mann setzte das ölige Lächeln auf, das er stets anwandte, wenn er mit den exzentrischen Wünschen reisender Engländer konfrontiert wurde, auf die er nicht einzugehen gedachte, doch dann erkannte er Hector, und das Lächeln verwandelte sich augenblicklich in das eines freudigen Willkommens. »Ah, Sie waren doch letzte Woche hier!«, sagte er, denn er erinnerte sich, dass dieser Gast reichlich gegessen und noch reichlicher getrunken hatte. Solche Engländer, dachte er, sollte man nicht fortschicken, nur weil sie außer einem Rolls-Royce auch noch einen Esel dabeihatten. »Selbstverständlich finden wir einen Platz für die junge Eseldame – vielleicht kein Zimmer mit Aussicht«, sagte er mit einem Zwinkern, »aber auf jeden Fall ein Zimmer, in dem sie gut und bequem aufgehoben ist.« Was er dabei im Sinn hatte, war das Zimmer von Gavrilo, dem Küchenjungen, dem armen Kerl, der Kartoffeln schälte, die Töpfe und Pfannen abwusch und morgens immer als Erster aufstand, um Wasser aufzusetzen. Sein Zimmer ging direkt auf den Hof, so dass Pawlowa hinausgehen konnte, wenn sie wollte, und es stand nichts außer einem Bett darin, denn Gavrilo war ein Waisenjunge und besaß mit seinen vierzehn Jahren nichts außer den abgetragenen Kleidern, in denen er lebte und arbeitete und schlief – nicht einmal ein Taschenbuch, das Pawlowa anknabbern konnte. Stroh wurde auf dem Boden verteilt, das Heu, das der Schmied ihr zum Abschied geschenkt hatte, wurde hereingebracht, und ein großer Eimer mit Wasser wurde in die Ecke gestellt. Mr B wünschte ihr eine gute Nacht und ging dann nach oben, um mit Hector zu Abend zu essen.

Und was für ein fröhliches Essen machten die beiden Männer daraus, obwohl fast alles, was auf der Speisekarte stand, letzten Endes Hackbällchen mit diesem oder Hackbällchen mit jenem war (was auf ganz Serbien zutrifft, das Land, in dem sie sich nun befanden und das für seine fade und langweilige Küche berüchtigt ist). Sie tranken eine Flasche Weißwein zum ersten Gang, eine Flasche Rotwein zum zweiten und reichlich Sliwowitz

zum dritten. Hector ließ keinen Widerspruch gelten und gab einen schottischen Großvater mütterlicherseits als Grund dafür an, dass er so viel Alkohol trinken konnte, ohne dass man ihm etwas anmerkte. Der arme Mr B tat, was man von ihm erwartete, aber wenn Hector nicht hinschaute, kippte er den Inhalt seines Glases in die Vase mit den verwelkten Blumen auf ihrem Tisch. Da er, was ihn nicht weiter überraschte, mitten in der Nacht aufwachte und Durst hatte, beschloss er, seinen benebelten Kopf ein wenig zu klären, indem er nach unten ging und nach Pawlowa schaute. Als er die Tür öffnete, bot sich ihm der bezauberndste Anblick, den er je gesehen hatte: In einem Rechteck aus Licht, das durchs Fenster hereinfiel, lag Pawlowa auf Gavrilos Bett, so dass die Hufe über den Rand hingen, und der Junge neben ihr, den Arm um ihren Hals gelegt. Beide schliefen tief und fest.

Am nächsten Morgen nach dem Frühstück ging Mr B zu dem Küchenjungen, bedankte sich dafür, dass er auf Pawlowa aufgepasst hatte (Gavrilo verstand kein Wort, ahnte aber, worum es ging), und drückte ihm, da er kein serbisches Geld hatte, einen englischen Zehn-Pfund-Schein in die Hand. Gavrilo, der noch nie so eine große Geldsumme besessen oder einen so schönen, neuen Schein in der Hand gehabt hatte, schlang ein letztes Mal die Arme um Pawlowa, küsste sie auf die Nüstern und gab Mr B die Hand. Alle winkten ihnen nach, als der Rolls-Royce angelassen wurde, doch sobald der Wagen losgefahren war, schnappte der Hotelmanager, der die Abschiedsszene beobachtet hatte, Gavrilo den Geldschein aus der Hand. Damit säte er einen Keim

des Hasses im Herzen des Jungen, der etwa zehn Jahre
später schreckliche Früchte tragen sollte, doch das ist
eine andere Geschichte.

XII
Eine Nacht in einem Kloster

Würde es Ihnen etwas ausmachen, wenn wir heute nicht sehr weit fahren?«, fragte Hector nach ein paar Meilen. »In Kroatien gibt es ein Kloster, das mehr oder weniger auf dem Weg liegt und eine berühmte Bibliothek hat. Dort würde ich mich gerne mal ein bisschen umsehen, wenn sie mich hineinlassen. Ich habe zu Hause eine Bilderhandschrift, aus der ich nicht so recht schlau werde, und ich vermute, dass sie aus diesem Teil von Europa stammt. Ich habe zur Sicherheit ein paar Fotos davon mitgenommen.«

»Nein, gar nicht«, erwiderte Mr B. »Ich schaue mich auch gerne ein bisschen um. Vorausgesetzt, Pawlowa fühlt sich dort wohl ...«

Und das tat Pawlowa, denn das Kloster hatte einen Stall – in dem leider keine Pferde mehr standen (nicht einmal ein Esel) – und einen schattigen Garten, umgeben von einem Kreuzgang, in dem sie nach Lust und Laune umherlaufen konnte.

Das Beste aber war, dass zwei der alten Mönche, die

sich noch an die Zeit erinnerten, als die Ställe von Sankt
Florian in Betrieb waren, ihre alten Kenntnisse hervor-
kramten und Pawlowa pflegten, als würde sie für ein
Turnier vorbereitet. Sanft wuschen und trockneten sie
die kleine Eselin, dann striegelten und kämmten sie sie,
und als sie fertig waren, glänzte ihr Fell wieder so seidig
in der Sonne wie das eines Windhunds.

Hector und Mr B wurden derweil vom Abt herumge-
führt, einem sehr gelehrten Mann, der ihnen gerne die
Klosterbibliothek zeigte, sie aber nicht dort allein lassen
wollte. »Bitte verzeihen Sie mir«, sagte er, »aber ich habe in der Vergangenheit Besucher hier sich selbst überlassen und musste leider feststellen, dass sie nicht nur
Bücher in ihren Taschen haben verschwinden lassen,
sondern auch ganze Manuskripte unter ihren Kleidern
versteckt haben. Wenn es um Bücher geht, scheint niemand gegen die Versuchung gefeit zu sein. Wir haben

viele Werke an Universitätsprofessoren, Museumskura-
toren und Bibliothekare verloren, und sogar an durch-
reisende Politiker, die keinerlei intellektuelles Interesse
an den Büchern haben, sondern sie einfach nur stehlen,
weil sie es können. Mittlerweile schreibe ich an nahezu
jeden Besucher, dass dieses oder jenes Werk nicht mehr
an seiner Stelle im Regal steht, und falls er (denn es ist
immer ein Er) es zufällig zusammen mit seinem Mantel
(ein Mantel über dem Arm ist eine beliebte Tarnung
für einen Diebstahl) oder etwas anderem mitgenommen hat, wären wir sehr dankbar, wenn er es zurück-
schicken würde. Das funktioniert meistens, aber wenn
nicht, informiere ich den entsprechenden Botschafter.«
»Wir haben keinen Mantel«, sagte Hector, »und auch
keine bösen Absichten, und unsere Tarnung, Pawlowa,
ist bei Ihnen im Stall.« »Bitte bleiben Sie doch zum Mit-
tagessen«, erwiderte der Abt.

Es war ein frugales Mahl – ein hartgekochtes Ei für
jeden, dazu ein paar salzige Anchovis, ein Salat aus
ziemlich bitteren Blättern, die, so dachte Mr B bei sich,
nicht einmal Pawlowa geschmeckt hätten, Brot ohne
Butter, ein sehr harter, trockener Käse, Wasser und
ein Weißwein, der so dünn war, dass selbst Hector ihn
nicht hinunterbekam, und es gab keinen Kaffee hinterher. Doch die mönchische Kost genügte immerhin, um
sie für ein paar weitere Stunden in der Bibliothek zu
stärken, zu denen der Abt sie eingeladen hatte. Offenbar
hatte er sich für sie erwärmt, als Mr B beim Essen die
Geschichte von Pawlowas Rettung erzählt hatte. Als sie
schließlich genug von den Büchern und Manuskripten
hatten, fragte der Abt, wo sie denn die Nacht verbrin-

gen wollten, und auf ihre vage Antwort folgte prompt: »Dann bleiben Sie doch einfach hier.« Hector und Mr B willigten ein, da sie es als unhöflich empfunden hätten abzulehnen, aber sie hatten beide schon diverse Nächte in Klöstern verbracht und waren nicht sonderlich begeistert über die Aussicht. Man brachte sie zu zwei kargen Zimmern, in denen sich kaum mehr als ein Bett befand, und teilte ihnen mit, Abendessen gebe es um sieben im Refektorium. Zum Waschen gab es nur eiskaltes Wasser. Mr B verbrachte die verbleibende Stunde zusammen mit Pawlowa in dem innenliegenden Garten und begleitete sie dann in ihren Stall, wo sie ganz allein war, aber sauberes Stroh zum Schlafen hatte, außerdem Wasser, ihr Heu und verschiedenes Obst und Gemüse, alles von den Mönchen selbst angebaut.

Nach dem allzu leichten Mittagsimbiss hofften sie auf ein etwas gehaltvolleres Abendessen – nicht gerade Austern und Rinderbraten, aber doch wenigstens gegrillten Karpfen aus dem klösterlichen Teich (früher hatten alle Klöster einen Karpfenteich, damit sie freitags nie ohne Fisch waren). Umso größer war ihre Enttäuschung, als erneut ein Korb mit hartgekochten Eiern herumgereicht wurde, dazu wiederum Schalen mit in Salz und Öl eingelegten Anchovis, gekochte Kartoffeln – der einzige Luxus beim Hauptgang – und Trauben (frisch vom Weinstock und warm von der Nachmittagssonne), um das mittlerweile noch trockenere Brot und den steinharten Käse aufzulockern. Der Wein jedoch war tiefrot und vollmundig, und die schlichte Köstlichkeit der Anchovis mit heißen, mit Olivenöl beträufelten Kartoffeln war für die beiden Engländer eine gastronomische Entdeckung.

Sie schliefen danach gut und tief, und obgleich sie nicht überrascht gewesen wären, wenn es auch zum Frühstück Eier und Anchovis gegeben hätte, wurden sie mit ofenwarmem Brot und Honig aus den klostereigenen Bienenstöcken auf den Tag eingestimmt.

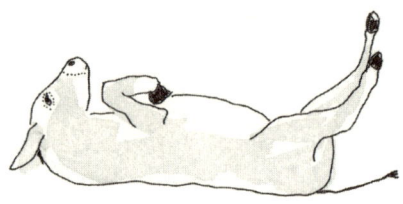

»Ich weiß«, sagte Hector, als sie vom Kloster wegfuhren, wo er und Mr B eine Spende hinterlassen hatten, die weit größer war als das, was sie für ein Hotel mit warmem Wasser und gutem Essen bezahlt hätten, und wo die zwei alten Mönche Pawlowa mit Tränen in den Augen umarmt hatten, bevor sie in das Auto gehoben wurde, »dass Sie es eilig haben, nach London zurückzukommen, aber wenn wir statt der Autobahn die kleineren Straßen nehmen, kommen wir durch eine Landschaft, die so schön ist, dass wir uns die Zeit nehmen sollten, sie zu genießen. Durch solch eine Berglandschaft muss der junge Albrecht Dürer wochenlang gewandert sein, als er vor fünfhundert Jahren nach Venedig ging, um bei Giovanni Bellini zu studieren. Oder denken Sie an Pieter Bruegel, wie er sich zu Fuß von den Niederlanden nach Rom aufgemacht hat, um mit

Michelangelo zu sprechen, und zum ersten Mal Berge gesehen hat.* Stellen Sie sich nur mal vor – wenn Sie tatsächlich zu Fuß von Peschawar nach Hause gegangen wären, hätten Sie vielleicht genau denselben Weg zurückgelegt.« Mr B schaute auf die Karte, sah, wie gewunden die Bergstraße war, und versuchte, die Haarnadelkurven zu zählen. »Es kann sein, dass Pawlowa übel wird«, sagte er. »Dann werde ich meinen Drang zügeln, um alle Kurven zu jagen – nur um zwei oder drei vielleicht –, und wir halten regelmäßig an, damit sie ein wenig umhergehen kann.«

Den anderen Fahrern, die auf dieser verlassenen Strecke unterwegs waren – und es waren sehr wenige –, musste der Anblick eines zerbeulten, schmutzigen Rolls-Royce und zweier Männer, die sich zusammen mit einem Esel im Schatten eines Schirms die Beine vertraten, wie eine amüsante Halluzination erscheinen, als sie mit ihren Alfa Romeos vorbeirasten und in halsbrecherischem Tempo durch die engen Kurven jagten. Hector hielt sein Versprechen und machte überall Pause, wo die Straße breit genug war, um Pawlowa spazieren zu führen, und Mr B schwor später, dass sie die Berge und Täler und die Weite genauso aufmerksam betrachtet hatte wie er selbst, so als wolle sie die Bilder

---

* Dürer (1471 1528): ein großer deutscher Maler aus Nürnberg, der sich in Venedig von Bellini unterweisen ließ. Bellini (ca. 1431-1516): Tizians Vorgänger als einflussreichster Maler in Venedig. Bruegel der Ältere (ca. 1524-1569): der originellste und wagemutigste Maler seiner Zeit in den Niederlanden. Michelangelo (1475-1564): der überragende Meister der Malkunst, des Bildhauens und der Architektur während der Hochrenaissance.

in ihrem Kopf speichern. Obwohl sie sich manchmal von einer Pflanze ablenken ließ, die aussah, als könnte sie gut schmecken, oder das Wasser einer Quelle kosten wollte, die aus dem Fels entsprang, tat sie das, was sie immer tat, wenn Mr B stillstand – sie schmiegte sich an seine Hüfte und blickte in dieselbe Richtung wie er. »Hier spürt man immer noch die Geister der Geschichte«, sagte Mr B, und ein Schauer überlief ihn, als wäre es plötzlich kalt geworden. Eigenartigerweise stieß Pawlowa genau im gleichen Moment ein leises Wiehern aus, als wäre irgendetwas nicht in Ordnung. Das einzige Geräusch, das Mr B bis dahin von ihr gehört hatte, war das laute Iah am Grenzübergang nach Persien.

»Es sind noch ungefähr achthundert Meilen bis nach Hause«, sagte Hector am späten Nachmittag. »Was halten Sie davon, wenn wir hier im Nirgendwo übernachten, morgen ganz früh aufstehen und in einem Rutsch nach London durchfahren?« »Das«, erwiderte Mr B, »würde bedeuten, dass Sie zehn Stunden lang mit achtzig Meilen in der Stunde fahren müssten, ohne Pausen zum Tanken, Essen und Trinken oder für einen Spaziergang für Pawlowa – und selbst wenn Sie das durchhalten, müssen Sie noch die Zeit für die Kanalüberfahrt einrechnen. Das letzte Mal, dass ein Rolls-Royce so einen Rekord aufgestellt hat, war vermutlich 1910, und es ist ein bisschen spät für einen neuen. Außerdem scheint mir, Sie unterschätzen die Entfernung. Ich halte es für sinnvoller weiterzufahren, bis es dunkel wird, dann auf die Autobahn Richtung München und in Ulm oder irgendwo in der Nähe zu übernachten. Selbst von München sind es noch rund siebenhundert Meilen.

Und um Pawlowas willen würde ich gerne bei Tageslicht zu Hause ankommen.«

Daraufhin stieß Hector einen wilden Schrei aus, etwas in der Art von »Jippieh« oder »Wha Hae« oder »Nach Hause, James, ohne Rücksicht auf die Pferde«, und trat das Gaspedal durch. Sobald sie die deutsche Grenze passiert hatten, hielten sie an, um den fast leeren Tank des Wagens zu füllen und sich ein paar saftige heiße Würstchen und Kaffee zu gönnen, denn Hector und Mr B hatten seit dem Honigbrot zum Frühstück nichts mehr gegessen außer ein paar Früchten aus Pawlowas Vorrat (Hector hatte auch etwas von ihrem Gemüse genommen, es mit dem Taschenmesser geschält und probiert, aber davon hatte er furchtbar rülpsen müssen). Nach dieser Stärkung fuhr Hector so schnell, wie es der Wagen zuließ, und nachdem er die Seitenspiegel eingeklappt hatte, noch ein bisschen schneller – über hundert Meilen in der Stunde. Das tat er natürlich, um anzugeben, denn er war (wie die meisten Männer) nie richtig erwachsen geworden und fühlte sich übermütig wie ein Junge, während der Rolls-Royce, untermalt von Beethovens Sinfonien auf voller Lautstärke, an München und Augsburg und sogar Ulm vorbeirauschte. Mr B, der diese geschichtsträchtigen Städte gut kannte, hätte sie Pawlowa gerne gezeigt, aber er verfolgte den Gedanken nicht weiter, denn mittlerweile spürte er förmlich, wie es ihn heimwärts zog, zu seinem gemütlichen Haus, seinem Garten, seinen Hunden, seinen Büchern und sogar zu Mrs B. Ihm war, als könne er die Eulen und Füchse hören, die nachts in seinem Garten jagten, und seinen Frühstücks-Haferbrei schmecken und die Austern, die er so gerne aß. Wäre er ein kleines Nagetier mit Schnurrhaaren gewesen, hätten diese vor lauter Vorfreude gezuckt. Auch Hector spürte den Sog der Heimat, als er sein altes Auto dazu antrieb, tausend glänzende Parvenüs zu überholen, bis sie Stuttgart hinter sich hatten und nach Karlsruhe hineinfuhren, eine hübsche Stadt am Rhein.

Es ist ein seltsames Phänomen, dass der Lockruf der Heimat umso stärker wird, je näher man ihr kommt. In Pakistan hatte Mr B keinerlei Heimweh verspürt, ebenso wenig in Persien oder in der Türkei, die ihm so vertraut war. Der Drang, schneller vorwärtszukommen, hatte ihn erst in Griechenland gepackt, und nun, da sie nördlich der Alpen waren, wurde die Sehnsucht, nach Hause zu kommen, fast schmerzhaft. Auch Hector hatte, als er in Athen seine kostbaren Manuskripte entdeckte, keinen Gedanken an zu Hause verschwendet und war seit der Begegnung mit Mr B geradezu Richtung Norden getrödelt, doch als sie die Alpen überquert hatten und England spürbar in die Nähe gerückt war, hatte auch ihn der Sog erwischt, und er wollte so schnell wie möglich nach Hause.

»Wo sind wir?«, fragte Mr B, der seit Ulm geschlafen hatte, aber von dem langsameren Tempo aufgewacht war, mit dem der Wagen durch die dunklen Straßen rollte. »Karlsruhe«, sagte Hector. »Ich kenne hier ein nettes kleines Hotel mit einer Garage im Keller, wo Pawlowa sicher aufgehoben ist. Wir gehen eine Runde mit ihr und geben ihr frisches Wasser, aber sie wird über Nacht im Auto bleiben müssen.« Und so stellten sie das Auto in den hintersten, dunkelsten Winkel der Garage, damit sie möglichst wenig gestört wurde, und ließen die Fenster einen Spalt offen. Es war das erste Mal, dass Mr B sie ganz allein und außer Hörweite zurückließ, aber mittlerweile wusste sie aus Erfahrung, von jenem Garten in Zahedan bis zu dem Stall im Kloster, dass er immer wiederkam. Noch bevor er die Garage verlassen hatte, war sie eingeschlafen.

Hundert Meter weiter leerten Hector und Mr B eine Flasche Piesporter (ein leckerer deutscher Wein) und aßen, was die Küche des Hotelrestaurants zu dieser späten Stunde noch zu bieten hatte. Zwei Portionen Rippchen mit Kraut wurden rasch aufgewärmt und serviert, gefolgt von Handkäs mit Musik. Diese ländliche Spezialität aus einem harten Käse, der in Olivenöl eingelegt und mit rohen Zwiebeln gegessen wird, ist so unverdaulich, dass der menschliche Magen prompt die dazugehörige Musik liefert, auf die eine oder andere Weise. Das ist offenbar ein deutscher Scherz. Doch die beiden Männer, deren Tag mit einem Frühstück im Kloster begonnen und mit einer Fahrt geendet hatte, die so aufregend war wie die Rallye Monte Carlo oder die Mille Miglia, blieben nicht lange genug wach, um sie zu hören.

XIII
Wie man eine Eselin über den Ärmelkanal schmuggelt

Hector fuhr weiter Richtung Westen, um auf die französische Autobahn zu gelangen, als er auf einmal sagte: »Wir haben ein Problem.«
»Stimmt etwas mit dem Auto nicht?«, fragte Mr B, der außer auf Pawlowa auf nichts weiter geachtet hatte, seit sie wieder im Rolls-Royce saßen. »Nein, nein, es geht um Pawlowa. Wir wissen nicht, welche Regeln und Vorschriften gelten, wenn man eine Eselin nach England importieren will. Wäre sie ein Hund, müssten wir eine Bescheinigung vorlegen, dass sie keine Tollwut hat, und selbst mit den nötigen Papieren würde man sie sechs Monate in Quarantäne stecken.«

»Aber sie ist kein Hund.«

»Eben. Und wir wissen nicht, was wir tun müssen.«

»Rennpferde kommen doch jeden Tag ins Land, laufen ihr Rennen und reisen wieder aus.«

»Pawlowa ist aber kein Rennpferd, und sie will bleiben.«

»Was sollen wir also Ihrer Meinung nach tun?«

»Nun, ich denke, es wäre ziemlich riskant, durch die Zollkontrolle zu fahren, während sie für jedermann sichtbar auf dem Rücksitz hockt. Aber wenn sie nicht zu sehen ist, können wir, falls wir gefragt werden, guten Gewissens sagen, dass wir nichts zu verzollen haben, denn wir haben keinen Tropfen Wein und keine Zigarette an Bord. Und falls der Wagen durchsucht wird, können wir ebenso guten Gewissens sagen, wir hätten nicht gewusst, dass es verboten ist, eine Eselin zu importieren. Wenn es verboten ist und sie wird gefunden, werden sie sie Ihnen wegnehmen, ganz gleich ob Sie offen zugeben, dass Sie eine Eselin dabeihaben.«

»Aber wenn sie nicht auf dem Rücksitz sein soll, wo soll sie dann hin? Und wie können wir verhindern, dass sie iaht, wenn ein feindseliger Zollbeamter die Tür aufmacht – wie sie es in Zahedan gemacht hat –, und sich verrät?«

»Mit einer Schlaftablette«, sagte Hector. »Wenn wir ungefähr eine halbe Stunde vor der Fähre in Calais sind, halten wir an, räumen um und geben Pawlowa die Tablette. Wenn Sie Ihren Sitz so weit wie möglich nach hinten schieben, müsste vorne genug Platz für sie sein, und sobald sie müde wird, legen wir sie in den Fußraum unter Ihre Beine. So ist sie nicht zu sehen, und Sie können auf sie aufpassen, ihren Atem kontrollieren und sie beruhigen, falls sie aufwacht – was immerhin möglich ist, denn wir sollten ihr nicht mehr als eine halbe Tablette geben. Ich nehme zwei, und sie ist bei weitem nicht halb so schwer wie ich.«

»Ganz schön riskant«, sagte Mr B, entsetzt bei der Vorstellung, dass er sie verlieren könnte.

»Aber was wäre die Alternative? Ein Fischerboot, das sie unterhalb der Kreidefelsen von Dover ablädt?«

Widerstrebend willigte Mr B ein. Pawlowa wegen eines neugierigen Zollbeamten zu verlieren, wäre unerträglich, aber würde eine halbe Schlaftablette ausreichen, wäre eine ganze zu viel, und würde der Platz vor seinem Sitz wirklich ausreichen? »Sie wissen ja, sie kann sich nicht zusammenrollen wie ein Hund. Ihr Rücken muss gerade bleiben.«

Kaum hatten sie die französische Grenze überquert, fuhren sie auf eine Nebenstraße, die nirgendwohin zu führen schien – um etwas zu essen für Pawlowa zu besorgen, wie Hector sagte. Doch dann tauchte so plötzlich ein riesiger Supermarkt vor ihnen auf, dass Mr B vermutete, dass Hector nicht zum ersten Mal hier war. Das bestätigte sich dann auch, und als sie die Lebensmittelabteilung betraten, steuerte Hector schnurstracks auf die Käse- und Wursttheke zu, die für Pawlowa kaum von Interesse war. Danach machte er sich auf die Suche nach Dosen mit Entenfleisch, das in Entenfett schwamm – wiederum eine regionale Spezialität, aber so köstlich, so üppig und so unenglisch, dass man kaum widerstehen kann. Mr B sah sich etwas halbherzig um, denn Pawlowa hatte noch das Gemüse, das die Mönche ihr mitgegeben hatten, und einen halben Ballen Heu, und nahm schließlich ein Bund Möhren, an dem das Grün noch dran war, und ein paar knackige weiße Rüben mit einem violetten Schimmer. Dann kaufte er ebenfalls verschiedene Käsesorten und seltsam geformte Würste, die aussahen, als hätten sie eine Weile unter der Erde gelegen oder zumindest in der Vorratskammer eines Bauern vor sich hingegammelt, denn er hatte die Erfahrung gemacht, dass Würste umso leckerer schmeckten, je unappetitlicher sie aussahen. Dann ging er zu Hector, der in der Zwischenzeit sämtliche Entenfleischdosen aus dem Regal geräumt hatte. Es waren so viele, dass ihr Einkaufswagen sich fast nicht mehr bewegen ließ und nur unter protestierendem Ächzen und Quietschen zum Auto bugsiert werden konnte. Als sie ihre Einkäufe in den Kofferraum packten, ging der solide Rolls-Royce mit einem Seufzen in die Knie.

Eine Sache, die sie nicht direkt (wohl aber indirekt) in das Auto luden, war eine Cremetarte. Die hatte Mr B auf dem Weg zur Kasse an der Pâtisserie-Theke entdeckt, und sie hatte ihn an all die Cremetartes erinnert, die er auf seinen Reisen in Frankreich gegessen hatte, vor allem an eine in Paris; damals hatte er noch studiert und eigentlich nicht genug Geld für so einen Luxus gehabt, sie sich dann aber statt eines Mittagessens gekauft. Da lag sie, dreißig Zentimeter im Durchmesser, in dem zartgelben Ton der Wintersonne, eine Mischung aus Eigelb, Milch, Zucker und Vanille, umgeben von einem wunderbar knusprigen, dünnen Teig – nicht die zähe Masse, an die man in England gewöhnt ist. Nachdem sie gekauft und bezahlt war, wurde sie fünf Minuten später unter den alles andere als freundlichen Blicken einiger französischer Hausfrauen auf dem Parkplatz an Pawlowa verfüttert. Als wäre es nicht schon genug, dass Mr B und Hector vorsichtig eine kleine Eselin aus dem Auto hoben – und es war kein gewöhnliches Auto, sondern ein Rolls-Royce (man stelle sich das Rollen der beiden Rs vor, wenn sie das Ganze später ihren Ehemännern erzählten) –, hatten sie dann auch noch zusehen müssen, wie diese keineswegs billige Köstlichkeit in kleine Stücke gebrochen und dem Tier auf der flachen Hand dargeboten wurde – »Das musst du dir mal vorstellen, all das Geld, verfüttert an einen Esel!«.

Mr B, der die feindseligen Blicke gar nicht bemerkte, war überzeugt, dass Pawlowa auch diesmal ein genüssliches »Mmmmmm...« murmelte und sich sehr wohl bewusst war, was für eine Leckerei sie da bekommen hatte. Anschließend gab Mr B ihr noch ein paar Möhren, um ihre Zähne zu säubern.

Dann fuhren sie weiter, vorbei an Metz und Verdun, wo die französische und die deutsche Armee 1916 in einem furchtbaren Stellungskrieg gegeneinander ge-

kämpft hatten. Damals im Ersten Weltkrieg waren auch die Väter von Hector und Mr B als sehr junge Männer an der Front gewesen. Dann kamen sie an der Stadt Reims vorbei, deren Kathedrale damals nahezu zerstört worden war und nun in neuer, wenn auch melancholischer Pracht an diesen Krieg gemahnte, und wenig später an dem Hügel, auf dem die eigentümliche und wunderschöne Kathedrale von Laon thronte, weithin sichtbar und doch von vielen Reisenden ignoriert. Beide Männer, die in jungen Jahren selbst Soldaten gewesen waren, schwiegen, überwältigt von so viel schwermütiger Geschichte, und selbst als Mr B einen eleganten Reiher erblickte, nicht an einem See oder Teich, sondern auf einer Wiese neben der lärmenden Autobahn, wo er offenbar nach Mäusen oder Maulwürfen suchte, sagte er nichts.

Nördlich von Arras fuhr Hector auf eine *Aire* – das ist das französische Wort für eine kleine, ebene Flache (selbst die Schlagfläche eines Hammers), in diesem Fall jedoch war damit eine Art hölzerner Unterstand gemeint, der sie vom Anblick und Lärm der Autobahn abschirmte. Dort führten sie Pawlowa spazieren und gaben ihr etwas zu fressen. Dann beschloss Hector aus einem Impuls heraus, ihr doch eine ganze Schlaftablette zu geben, schnitt mit seinem Taschenmesser ein Stück aus einem süßen Apfel, schob die Tablette hinein und verschloss das Loch wieder. Pawlowa verschlang ihn mit einem Biss. Ein wenig nervös warteten sie darauf, dass sie anfing zu schwanken, und als es losging, legte Mr B einen Arm um ihr Hinterteil, den anderen um ihre Brust und versuchte, sie in den Fußraum des

Beifahrersitzes zu legen. Sie war immer noch klein und zierlich, aber in den vier Wochen seit jenem Abend in Peschawar war sie gewachsen. Mr B hatte zuvor schon bemerkt, dass sie zugenommen hatte und schwerer zu tragen war, aber ihm war nicht aufgefallen, dass sie auch größer geworden war – und nun passte sie partout nicht in den Raum, den sie für sie vorgesehen hatten. Ihre langen Beine ließen sich nicht richtig zusammenfalten, ihr Kopf war verdreht, und ihr Hinterteil war da, wo Hectors Füße sein sollten. Sie stellten sich vor, was wäre, wenn sie einen Unfall hatten und der französischen Polizei erklären mussten, dass das Ganze passiert war, weil sich das Hinterteil einer Eselin unter dem Bremspedal verklemmt hatte, und beschlossen dann, dass Pawlowa in dem Raum zwischen Vorder- und Rücksitzen verstaut werden musste. Sie schoben die Vordersitze so weit nach vorne, dass Mr B die Knie unter dem Kinn und Hector das Steuer vor dem Bauch hatte – und trotzdem passte sie nicht hinein. Dann hatte Hector eine Idee: Er löste irgendeine Schraube, so dass der Beifahrersitz aus der Schiene glitt, und dann war gerade genug Platz für Pawlowa, wenn Mr B sich auf den Rücksitz setzte und die Beine über sie hinwegstreckte, um damit den vorderen Sitz festzuhalten, der nun direkt vor dem Armaturenbrett hing. Dann breitete Hector Pawlowas Decke über ihn und wies ihn an, so zu tun, als sei er krank, sogar so krank, dass er nicht sprechen konnte und dringend zu seinem Arzt nach London gebracht werden musste, während Hector sich um die Fahrkarten, Reservierungen und so weiter kümmerte.

Sie hatten Glück. Sie verfuhren sich nicht auf dem Weg zum Hafen von Calais (wie es so vielen Fahrern passiert), und obwohl sie erst zwanzig Minuten vor Abfahrt der nächsten Fähre dort ankamen, schaffte es Hector, dass ihr Auto noch mitgenommen wurde – als allerletztes. Untermalt von den Klängen von *Samson und Dalila*, einer großen französischen Oper, die aus den offenen Seitenfenstern des Rolls-Royce schallte, um die französischen Zollbeamten milde zu stimmen und von etwaigen Kontrollen abzuhalten, fuhr Hector auf die Rampe, wurde durchgewinkt und parkte den Wagen in der letzten noch verbleibenden Lücke hinter einem riesigen LKW, kaum sichtbar im trüben Licht des Autodecks. Von alldem bekam Pawlowa nichts mit.

Natürlich mussten sie sie während der Überfahrt allein lassen und sich nach oben auf eines der Passagierdecks begeben. Mr B legte noch einmal die Hand auf ihren Brustkorb und vergewisserte sich, dass sie gleichmäßig atmete und dass nichts ihre Nüstern bedecken konnte, während sie fort waren. Dennoch ließ ihn eine unbestimmte Angst um sie nicht los. Oben angekommen, aßen sie zu Mittag, obgleich es eher ein Picknick war als eine richtige Mahlzeit, und noch dazu ein französisches Picknick, denn sie befanden sich auf einem französischen Schiff. Während sie über ein ruhiges, von keinerlei schaumgekrönten Wellen durchzogenes Meer glitten, aßen sie französisches Brot mit salziger französischer Butter (die vollkommen anders schmeckt als englische Butter), köstliche Entenpastete, eine fast noch himmlischere Wurst, die in sehr dünne Scheiben geschnitten war (der Geschmack ist um ein

Vielfaches besser, wenn die Scheiben so dünn wie Spitzengardinen sind und auf der Zunge liegen können, anstatt gleich zerkaut zu werden), und zwei Sorten Käse – einen aus Ziegenmilch, vielleicht eine Woche zu jung, und einen von blauen Adern durchzogenen, trocken und von so feinem, exquisitem Geschmack, dass Mr B sofort beschloss, sich den Namen aufzuschreiben, aber sein Notizbuch war unten im Auto, und so vergaß er es. Das führte dazu, dass er später immer wieder in sämtlichen Londoner Käsegeschäften danach suchte und die Verkäufer zur Verzweiflung trieb. Schließlich fand er einen anderen Blauschimmelkäse, allerdings aus Italien, der ihm ebenso mundete und die mittlerweile verblasste Erinnerung auslöschte.

Ebenso suchte er, und zwar noch viel hartnäckiger, nach persischen Fliesen, damit er das Badezimmer nachbauen konnte, das ihm in Zahedan so gefallen hatte. Doch in den Antiquitätengeschäften fand er nur ein paar einzelne, die nicht zusammenpassten, und selbst bei Christie's, dem großen Auktionshaus in London, wo man durchaus erwarten konnte, dass von Zeit zu Zeit größere Mengen zusammengehöriger Fliesen versteigert wurden, hatte er keinen Erfolg. Stattdessen badete er Tag für Tag in einem ganz gewöhnlichen Badezimmer, wie es sie in der zweiten Hälfte des zwanzigsten Jahrhunderts in nahezu jedem englischen Haus gab, und musste sich mit dem Gedanken an Zahedan zufriedengeben. In seiner Erinnerung wurden die Fliesen immer prächtiger und farbiger, bis es schließlich vollkommen unmöglich war, etwas Entsprechendes in der Wirklichkeit zu finden. Zum Glück hatte er bei Reza in Isfahan die Teppiche gekauft, denn sonst hätte er sie über die Jahre in seiner Vorstellung ebenfalls immer mehr ausgeschmückt und schöner werden lassen, als ein Teppich jemals sein konnte. So jedoch kam er nach Hause, ohne überhaupt noch an sie zu denken, und fand dort ein riesiges Paket vor, das weder er noch Pawlowa hätte tragen können. Als er es auspackte, waren darin die Teppiche, genau wie er sie in Erinnerung hatte, nicht besser, aber auch nicht schlechter, und so war er zufrieden.

Als die Passagiere angewiesen wurden, zu ihren Autos zurückzukehren, gab Pawlowa keinen Laut von sich und rührte sich auch nicht. Ein erneutes Fühlen nach ihrem Herzschlag zeigte Mr B, dass sie noch lebte, doch von dem Lärm aus Gebrüll, Geschepper und Gedröhn, der so typisch ist für die Ankunft einer Fähre, bekam sie nichts mit. Hector war beinahe enttäuscht, als sie nach einem flüchtigen Blick auf die Pässe einfach durchgewinkt wurden, denn er hatte sich, passend zu Mr B, der den älteren, sprechunfähigen Kranken spielte, ein ganzes Netz aus Wahrheiten, Halbwahrheiten, Lügen und leidenschaftlichen Appellen an das Mitgefühl für hilflose Tiere zusammengesponnen, mit dem er Pawlowa ganz bestimmt an jedem Zollbeamten vorbeibekommen hätte, und hatte sich regelrecht auf seinen Auftritt gefreut. Doch der Zollbeamte schien es eilig zu haben, das schmutzige alte Auto und alles, was vielleicht darin sein mochte, loszuwerden, denn er bedeutete ihnen mit einer drängenden Handbewegung weiterzufahren, und das obwohl Hector von französischer auf englische Musik gewechselt hatte und die Belegschaft mit den Klängen von Elgars Cellokonzert erfreuen wollte.

Als sie Dover endlich hinter sich gelassen hatten und in gemäßigtem Tempo über die Autobahn fuhren, war Mr B beinahe wirklich krank, und zwar vor Sorge. Pawlowa rührte sich noch immer nicht, und obwohl sie ruhig und gleichmäßig atmete, hatte er Angst, dass Hectors Schlaftablette womöglich zu stark gewesen war; schließlich war Pawlowa sozusagen noch ein Kind, und obwohl ihr Körper ganz anders geformt war als Hectors, war sie viel, viel leichter als er. Er schlug vor, anzuhalten und zu versuchen, sie aufzuwecken. »Nein, besser nicht«, sagte Hector. »Wenn wir gleich hier am Anfang der Autobahn anhalten, lenken wir die Aufmerksamkeit auf uns, dann ist im Handumdrehen die Polizei da, und es fliegt auf, dass wir eine Eselin ins Land geschmuggelt haben. Gedulden Sie sich, bis wir auf dem Autobahnring um London sind, denn dann könnte sie von überall her gekommen sein. Ich beeile mich, aber es wäre dumm, jetzt erwischt zu werden, weil ich zu schnell fahre. Bei Westerham gibt es eine große Raststätte, wo wir ihr, ohne aufzufallen, einen Eimer Wasser über den Kopf schütten können.«

Ohne aufzufallen? Sie fanden zwar einen schattigen Platz, aber der war alles andere als abgelegen. Pawlowa schlief immer noch tief und fest, und ein Rolls-Royce mit weit geöffneten Türen und zwei Männern, die sich kopfüber hineinbeugten, so dass ihr Hinterteil in die Luft ragte, war ein Anblick, dem ein neugieriger kleiner Junge mit einem Eis in der Hand nicht widerstehen konnte. »Geh weg«, sagte Hector. Das tat er auch, aber nur um wenig später mit seinem Vater zurückzukommen, und zwar genau in dem Moment, als Pawlowa endlich aufzuwachen begann, ein Auge öffnete und zaghaft alle vier Beine bewegte. Mr B tauchte seine Hand in den Wassereimer und benetzte damit ihr Maul – und da machte sie einen mühsamen, unkoordinierten Versuch aufzustehen. Mr B nahm ihren Kopf und ihre Schultern, Hector ihren Rumpf, gemeinsam hievten sie sie aus dem Auto, und plötzlich stand sie (wenn auch ein bisschen wackelig) auf ihren zierlichen kleinen Hufen. Gierig trank sie den Eimer leer, und während Hector loszog, um ihn erneut zu füllen, führte Mr B sie langsam auf und ab.

»Was ist das?«, fragte der Vater des kleinen Jungen, und Mr B, der keine Lust auf ein Gespräch hatte, sagte schnippisch: »Eine Zwergeselin.« »Wie viel soll sie kosten?«, fragte der Vater. »Sie ist nicht zu verkaufen«, erwiderte Mr B. »Alles hat seinen Preis«, sagte der Vater. »Wie wär's mit hundert Pfund?« Mr B schüttelte den Kopf, auch bei hundertfünfzig, zweihundert und zweihundertfünfzig, und er war heilfroh, dass Hector just in dem Augenblick zurückkam, als der Vater fragte: »Woher haben Sie die denn?«, denn er wusste nicht, was er darauf vielleicht geantwortet hätte. »Das ist eine ganz normale Eselin«, sagte Hector. »Sie war bloß die kleinste und schwächste in dem Wurf. Wenn die Mutter sechs oder acht Junge hat, kann sie nicht immer alle säugen, und wenn die anderen überleben und mit der Flasche aufgezogen werden, bleiben sie deutlich kleiner. Sie brauchen bloß mal in die Anzeigenseite der *Times* zu schauen, da werden die andauernd angeboten.« Das war natürlich alles Unsinn, aber der Junge und sein Vater (der ganz gewiss kein regelmäßiger Leser der *Times* war) trollten sich, überzeugt, dass sie morgen auch eine Pawlowa haben würden.

»Wissen Sie was?«, sagte Mr B, als Hector wieder auf die Autobahn fuhr. »Wenn ich zu Hause an meinem Schreibtisch sitze, werde ich als Allererstes diesem dicken Regisseur schreiben, dass ich wieder hier bin, und zwar mit meiner Eselin und innerhalb eines Monats statt eines Jahres.«

»Nein, das werden Sie nicht – vielleicht schreiben Sie den Brief, aber ich wette, Sie zerreißen ihn anschließend. Es passt einfach nicht zu Ihnen, sich in die Brust zu werfen, außerdem bringt es nichts, jemandem eine lange Nase zu drehen wie ein Schuljunge (obwohl ich weiß, dass Sie nie erwachsen geworden sind). Und sind Sie wirklich sicher, dass es nur ein Monat war? Ein Monat statt eines Jahres, das hat ja etwas, aber fünf Wochen nicht.«

Da begann Mr B, die Zeit an seinen Fingern abzuzählen, aber natürlich verzählte er sich und musste von vorn beginnen. Einmal kam er auf einunddreißig Tage – aber nur ein einziges Mal; bei seinen anderen Versuchen waren es mehr, und bei einem, vielleicht dem sorgfältigsten, lautete das Ergebnis vierunddreißig, also dummerweise mehr als der schöne, runde Monat. »Nein«, sagte er schließlich, »Sie haben Recht. Ich sollte diesen eingebildeten Hornochsen ignorieren. Aber dem jungen Dominic werde ich schreiben, denn ohne seine Hilfe hier in London hätte ich in Doğubayazıt vermutlich keine besonders schöne Zeit gehabt. Das hätte auch gründlich schiefgehen können. Wer weiß, wie lange ich in der Zelle gehockt hätte. Und was mit Pawlowa geschehen wäre.« Und bei dem Gedanken überlief ihn ein kalter Schauer.

XIV
Zu Hause in Wimbledon

Am späten Nachmittag kamen sie bei Mr Bs Haus in Wimbledon an. Als das hohe Holztor aufschwang, begannen die Hunde zu bellen, und als Hectors Wagen im Schatten einer hohen Zeder hielt, kamen sie herausgestürmt, um ihn zu begrüßen – oder genauer gesagt, zwei von ihnen kamen: Carrington, die Windhündin, und Kahlo, die gescheckte Bullterrierhündin. Doch die alte Schäferhündin Kollwitz, die wahre Bewacherin des Hauses, blieb an der Haustür stehen und beobachtete alles. Sie sah, wie ihr geliebtes Herrchen sich bückte, um die begeisterte Begrüßung der beiden jüngeren Hündinnen zu erwidern, die wie wild um ihn herumsprangen, tobten und rannten; sie sah, wie er auf sie zukam, die beiden anderen immer noch um seine Füße, und sich vor ihr auf die Erde kniete, und dann legte er die Arme um ihren Hals und sagte leise: »Kollwitz, mein liebes Mädchen«, ein Kosename, mit dem er nur sie anredete. Sie wiederum wedelte langsam mit ihrem kräftigen, langen Schwanz, leckte über sein Ohr und lehnte sich mit ihrem ganzen Gewicht an ihn – genau wie Pawlowa es instinktiv getan hatte. All das wurde mit einem Schmunzeln von Mrs B beobachtet, die aus langjähriger Erfahrung wusste, dass in diesem Haushalt stets die Tiere vorgingen. Außerdem hatte der Botschafter in Istanbul sie angerufen und ihr mitgeteilt, dass Mr B zuletzt am Bahnhof von Alexandroupoli gesehen worden war, wo er auf einen Zug wartete, der ihn quer durch Griechenland bringen sollte, und dort bestand aller Wahrscheinlichkeit nach keine Gefahr, dass er von Räubern, Banditen oder Drogenschmugglern entführt wurde.

Mr B hatte immer weibliche Hunde gehabt, und die meisten hatte er nach Dichterinnen, Komponistinnen oder Philosophinnen benannt, aber sein jetziges Rudel hatte die Namen von Malerinnen des zwanzigsten Jahrhunderts bekommen. Die Windhündin hieß nach Dora Carrington, weil er sie beide nervös und zerfahren fand, die arme Kahlo war nach Frida Kahlo benannt, weil sie die hässlichste Hündin war, die er je besessen hatte (obwohl er sie gerade deshalb besonders liebte), und Kollwitz, die Schäferhündin – die er am innigsten ins Herz geschlossen hatte –, trug den Namen der Frau, die seiner Meinung nach die größte Malerin aller Zeiten gewesen war: Käthe Kollwitz.

Nach einer Weile stand er auf, ließ die Hand jedoch in Kollwitz' dichtem Nackenfell, führte sie zum Auto und stellte sie Hector vor (Carrington und Kahlo hatten sich bereits selbst vorgestellt), dessen Hose sie mit größtem Interesse beschnupperte, als versuche sie, das Geheimnis seines sonderbaren Geruchs zu ergründen.

Und dann präsentierte er ihr mit dem »Simsalabim!« eines Zauberers die Lösung, indem er die Tür öffnete und Pawlowa aus dem Wagen half. Kahlo bellte wie verrückt und wich mit eingezogenem Schwanz zurück; Carrington erkannte sofort, dass es sich um ein Tier handelte, das schnell laufen konnte, und lud sie mit ein paar stürmischen Kurven zu einem Wettrennen ein; Kollwitz wiederum beschnupperte sie erst von Kopf bis Fuß, dann erhob sie sich auf die Hinterbeine, legte die Vorderpfoten auf Pawlowas Schultern und leckte ihr sanft die Nüstern. Pawlowa, die noch nie zuvor einem Hund begegnet war, nahm alles gelassen hin, als wäre sie solche unterschiedlichen Begrüßungen gewohnt, senkte mit einem leisen Schnauben den Kopf und erwiderte Kollwitz' Gruß.

Währenddessen lud Hector Mr Bs Anteil an den Käsestücken, Würsten und Entenfleischdosen sowie Pawlowas Satteltaschen, ihr Schaffell und den großen weißen Schirm aus dem Kofferraum, denn er wollte möglichst bald weiterfahren, um rechtzeitig zum Abendessen in Hampstead bei seiner schönen russischen Frau zu sein. Er umarmte erst Pawlowa, dann Mr B, klopfte ihm mit den Worten »Bis bald« auf den Rücken, drückte Mrs B einen Kuss auf jede Wange, stieg in seinen Rolls-Royce und fuhr davon, dass der Kies nur so spritzte. Und sie sahen sich in der Tat bald wieder, und dann regelmäßig, denn aus ihrem gemeinsamen Abenteuer entstand eine enge und dauerhafte Freundschaft.

Mr Bs Haus war über hundert Jahre zuvor erbaut worden, vor der Erfindung des Automobils, und so hatte es auch einen Stall und eine Remise, groß genug für eine richtige Kutsche und einen leichten Zweisitzer. Den Stall hatte Mr B in eine Bibliothek umgebaut, als ihm im Haus der Platz für Bücher ausging, aber er hatte die alte Tür behalten, die quer in zwei Hälften geteilt war, damit das Pferd, wenn die obere Hälfte geöffnet war, nach draußen schauen konnte. In der Remise stand ein prächtiger alter Mercedes, in dem die Hunde nicht mitfahren durften, außerdem der Rasenmäher, die Gartenwerkzeuge, dreiundzwanzig Ersatzschreibmaschinen, damit er immer eine funktionierende dahatte (er haute mächtig auf die Tasten, und so gingen sie oft kaputt), halb aufgebrauchte Farbdosen, die nie ganz aufgebraucht werden würden, ein paar hölzerne Fensterverschläge von einem vorigen Haus und ein kleiner Honda, in dem die Hunde transportiert werden konnten, falls es nötig war. Ein vernünftiger Mann hätte eine Sperrmüllfirma kommen lassen, um das meiste davon loszuwerden, doch Mr B war nicht immer vernünftig, und so beschloss er, stattdessen seine Bücher anderswo unterzubringen, und überließ Pawlowa den ehemaligen Stall. Dort hatte sie es sehr gemütlich, denn Mr B spendierte ihr ein großes altes Sofa aus einem seiner Zimmer, das gelegentlich als Gästebett gedient hatte, und dort schlief sie genauso gut wie auf dem Rücksitz von Hectors Auto (ihr erschien es ganz normal, dass ein Esel auf Möbeln schlief). An die Wände hängte er ihre Kelim-Satteltaschen und zwei Bilder vom Berg Ararat, die er bei seiner ersten Reise in den Osten der Türkei gemalt hatte, so dass der Raum eher wie ein ländliches Wohnzimmer aussah und nicht wie ein Stall.

Das schlechte Gewissen, das er bei der Vorstellung

gehabt hatte, sie allein dort schlafen zu lassen, löste sich in Wohlgefallen auf, denn Carrington, die wie alle Windhunde ein großes Bedürfnis nach Wärme hatte, beschloss sofort, bei Pawlowa zu bleiben. Sie rollte sich, an ihren Bauch geschmiegt, zusammen und weigerte sich, wieder aufzustehen, als Mr B die Stalltür für die Nacht verschloss.

In den ersten paar Tagen durfte Pawlowa nur in Begleitung von Mr B und den Hunden im Garten umherlaufen. Der Garten war nicht durchgestaltet, sondern von großen Bäumen beschattet und voller Sträucher und Büsche. Mr B hatte ihn verwildern lassen, damit die Vögel und Insekten sich dort wohlfühlten (er war außerordentlich stolz auf seine seltene Hirschkäferpopulation), und unter den Besuchern waren auch Wildenten und Reiher, denn es gehörte ein Teich dazu, der so tief war, dass ein ausgewachsener Mann nicht darin stehen konnte, und in dem sich jeden Sommer Frösche, Molche und schillernde Libellen einfanden – und es gab dort auch Eichhörnchen und Füchse. All diese Tierarten hatte Pawlowa noch nie gesehen. Hier konnte sie Äpfel, Birnen und Eicheln naschen, sogar direkt vom Baum, Gras fressen und ihre Geschmacksknospen an Salbei, Thymian, Lorbeer und Rosmarin versuchen. Aber es gab in diesem Dickicht auch Eiben, und für Esel (und Pferde) sind Eiben und vor allem ihre Früchte äußerst giftig. Da Mr B einige davon selbst gepflanzt und Kletterrosen in ihren Ästen hochgezogen hatte, bereitete es ihm großen Kummer, sie zu fällen – aber sie wurden gefällt, und jeder Zweig und jede Nadel wurde aufgelesen und entfernt, denn was hätte es für einen Sinn gehabt, Pawlowa den ganzen weiten Weg aus Peschawar hierherzubringen und dann zuzulassen, dass sie qualvoll starb?

Carrington fand, dass Pawlowa rennen sollte, und war enttäuscht, als sie es nicht tat, aber ein Esel muss erst einmal lernen, zu rennen und vor allem wieder anzuhalten, bevor es einen Zusammenstoß gab, und dafür war der Garten nicht groß genug. Kollwitz hingegen, die so ernst und hoheitsvoll war, wie es einer alten Schäferhündin geziemte, genoss Pawlowas Gesellschaft, und die alte Hündin und die junge Eselin verbrachten Stunden damit, auf ihren täglichen Entdeckungsreisen durch den Garten zu stöbern, stets gefolgt von den Amseln, die sich an den dadurch aufgeschreckten Larven und Würmern gütlich taten.

Doch nachdem Mr B eine ganze Weile damit zuge-
bracht hatte, Briefe an den Apotheker Faruk, den Dichter Mirzah, den Teppichtransporteur Rostam, den stellvertretenden Gouverneur, dessen Namen er nie erfuhr,
den Botschafter in Istanbul und vor allem an Laetitia,
die geschickteste aller Diplomatinnen, zu schreiben und
mit größter Sorgfalt passende Geschenke für sie auszu-
wählen – denn in solchen Fällen ist Sorgfalt tausendmal
wichtiger als der Preis –, kam der Tag, an dem er sich
zum Wimbledon Common begab, einem großen, ver-
wilderten Naturpark mit Wald und Teichen und sogar
einem kleinen Fluss, nur hier und da gezähmt durch
die Bereiche eines Golfplatzes und ein Putting Green.
Er ließ die beiden jüngeren Hündinnen zu Hause und
nahm nur Pawlowa und Kollwitz mit, denn er hatte
absolutes Vertrauen in den Verstand der alten Hündin
und wusste, wenn er Pawlowas Halsband losließ und
sie anfing zu rennen, würde Kollwitz sie wieder zurück-
bringen. Doch Pawlowa rannte nicht; sie blieb ganz
nah bei ihm, als würde dieses riesige Gelände ihr Angst
einjagen. Ganz gleich wo sie waren, ob in den offenen
Abschnitten des Golfplatzes oder im dichten Wald, immer blieb sie auf Tuchfühlung. In ihrem kurzen Leben
hatte sie nur Gehwege, Straßen und Bahnsteige kennen gelernt, und hier gab es auf einmal knöcheltiefes ra-
schelndes Laub, kniehohes Dornengestrüpp und dichten, festen und samtigen Rasen, der so kurz geschnitten
war, dass sie mit den Zähnen nichts davon zu fassen
bekam. Hier sollte sie ihren Weg durch gelben Gins-
ter finden und über umgestürzte Baumstämme und
durch Bäche, die zwar nicht tief waren, aber im Laufe

der Zeit Furchen in den Boden gegraben hatten, die zu breit waren, um hinüberzuspringen, und zu steil, um hinunter und wieder hinaufzuklettern. Erst als Carrington schließlich bei diesen Spaziergängen mitkommen durfte, fing Pawlowa an zu rennen – und das erste Mal passierte es ausgerechnet auf dem Golfplatz. Die Spieler riefen anfangs nur »Achtung!«, dann jedoch wesentlich unhöflichere Dinge, als die Windhündin erst in immer größeren Kreisen umherrannte, gefolgt von Pawlowa, die (wenn auch vollkommen vergeblich) versuchte, mit ihr Schritt zu halten, und dann zur allgemeinen Verwirrung plötzlich die Richtung änderte und mit voller Geschwindigkeit unter dem Bauch der Eselin hindurchflitzte, als wäre sie eine Brücke. Nach diesem verrückten Intermezzo schien Pawlowa ihre Angst vor dem offenen Gelände zu verlieren.

Eines Tages, als Mr B ein paar Dinge im nächsten Supermarkt besorgen musste – zu wenig, als dass es sich gelohnt hätte, das Auto zu nehmen, aber, wenn er der Versuchung nachgab (und das tat er meistens), doch zu viel, um es allein zu tragen –, nahm er die Satteltaschen von der Wand, legte sie Pawlowa auf den Rücken und begann, mit ihr den Hügel hinunterzugehen. Dieser Hügel ist so steil, dass die Architekten des Supermarkts einen Aufzug eingebaut haben, so dass die Besucher, die vom oberen Ende der Straße kommen, eine Abkürzung nehmen und auf diesem Weg in das Gebäude hineingelangen. Mr B betrat den Aufzug zusammen mit Pawlowa und drückte auf den Knopf mit dem Pfeil nach unten. Der Aufzug ist ganz aus Glas, und Pawlowa blickte von rechts nach links und wieder nach rechts, als wäre

dies der aufregendste Moment ihres Lebens – was Mr B
auf die Überlegung brachte, ob es ihr vielleicht gefallen
würde, mit einem Fesselballon zu fliegen. Doch diese
Gedanken fanden ein abruptes Ende, als der Aufzug unten ankam, die Türen aufglitten und zwei Frauen, die
davor gewartet hatten, anfingen zu schreien und ihre
Taschen fallen ließen. Leute kamen herbeigelaufen; einige davon schnalzten missbilligend und sprachen von
Sicherheit, Hygiene und den zahllosen Keimen, mit
denen Pawlowa den Aufzug gewiss infiziert hatte, und
Mr B machte es nicht besser, als er zu der am lautesten
zeternden Frau sagte: »Aber Madam, ich habe seit über
einem Monat mit dieser Eselin geschlafen und nicht
einmal eine Erkältung bekommen.« Andere Zuschauer
konnten sich kaum das Lachen verkneifen, und wieder
andere, überwiegend Pferdenärrinnen (von denen es in
Wimbledon genug gibt, um mindestens zwei Reitställe
am Leben zu halten), stürzten sich mit Ohs und Ahs auf
die arme, verwirrte Pawlowa, klopften und streichelten
sie und gaben ihr knackige kleine Möhren zu fressen.

Der Leiter des Supermarkts, der nicht auf den Kopf
gefallen war und vermutete, dass Pawlowa, wenn sie
regelmäßig hier auftauchte, Kinder anlocken würde
und damit auch ihre einkaufenden Eltern, besänftigte
die aufgebrachten Frauen mit einem großzügigen Sta-
pel Gutscheinen und nahm Mr B beiseite. »Sie können
die Eselin mitbringen, sooft Sie wollen«, sagte er, »aber
rufen Sie vorher diese Nummer an – das ist meine di-
rekte Durchwahl –, dann begleitet Sie jemand von meinen Angestellten im Aufzug, so als wäre Pawlowa ein
wichtiger Gast, bindet sie hier im Schatten neben der

Eingangstür an und leistet ihr Gesellschaft. Haben Sie etwas dagegen, wenn die Leute ihr Äpfel und Möhren und Brokkoli geben?« Der Leiter hatte Recht, Pawlowa war eine Attraktion (nicht nur für die Kinder), und seine Verkaufszahlen beim Obst und Gemüse stiegen beträchtlich, obwohl Pawlowa nur einmal in der Woche da war; tatsächlich schätzte er, dass sie den Umsatz seines Supermarktes um ein ganzes Prozent steigerte, und so schickte er Mr B zu Weihnachten eine Gans und eine Flasche seines besten Rosé-Champagners – ein Getränk, das dieser leider aus tiefster Seele verabscheute.

Sie erlebten noch viele Abenteuer in Hectors Rolls-Royce, Pawlowa auf dem Rücksitz, den Kopf auf Olgas Schoß, die arme Mrs B eingezwängt zwischen dem Hinterteil der Eselin und der Tür und die Hunde irgendwo dazwischen, wo gerade Platz war. Sie fuhren nach Beachy Head und führten Pawlowa fast bis zum Rand der weißen Klippe, damit sie sich den windumtosten Ärmelkanal anschauen konnte, den sie zwar überquert, aber nie gesehen hatte, und sie blickte mit derselben Aufmerksamkeit hinüber zur französischen Küste, mit der sie die österreichischen Alpen betrachtet hatte. Als sie Polesden Lacey besuchen wollten, ein nahe gelegenes Herrenhaus des National Trust (dessen engagiertes Mitglied Hector war), stellte sich ihnen der Geist von Mrs Ronald Greville in den Weg, der letzten privaten Eigentümerin, einer sehr stattlichen, politisch aktiven Gastgeberin, die in ihren späten Jahren einmal als »hochnäsige, gierige, trampelige alte Schabracke« bezeichnet worden war. Hector hatte gar nicht erwartet, dass man ihn mit Pawlowa und den Hunden ins

Haus ließ; er wollte nur mit ihnen im Park spazierengehen, doch der Wächter am Tor zeigte auf ein Schild, auf dem stand, dass Hunde verboten waren. »Also gut«, sagte Hector. »Sie werden zwar mächtig enttäuscht sein, aber dann lassen wir sie im Auto. Da hier kein entsprechendes Schild für Eselinnen hängt, werden wir nur sie mitnehmen.« Worauf sich ein Streitgespräch entspann. »Aller Logik zufolge«, argumentierte Hector, »sind Eselinnen hier erlaubt, denn es steht nirgendwo, dass sie es nicht sind.« »Keineswegs«, widersprach der Wächter. »Hier hängt auch kein Schild, das Elefanten und Dinosauriern den Zutritt verwehrt, aber das heißt trotzdem nicht, dass sie sich an Mrs Grevilles Blumen gütlich tun dürfen.« Wie eigenartig, dachte Hector, dass die grässliche Mrs Greville, die schon seit Jahrzehnten tot war, noch immer als Eigentümerin des Parks angesehen wurde. Da er diese Schlacht offensichtlich nicht

gewinnen konnte, wendete er seinen großen Wagen und fuhr weiter nach Box Hill, den höchsten Punkt der North Downs, und dort breiteten sie ihr Picknick aus und sonnten sich, während Pawlowa und die Hunde sich im hohen Gras wälzten, einander jagten und die Reste des Picknicks futterten, und alle waren viel glücklicher, als sie es zwischen Mrs Grevilles elenden Blumenrabatten gewesen wären.

In Stourhead, hundert Meilen westlich von London, im tiefsten Wiltshire, hatten sie keine solchen Schwierigkeiten, da Hector sich diesmal vorab vergewisserte, dass niemand etwas dagegenhatte, wenn eine Eselin im Park spazierenging; er hatte sogar angeführt, dass es im achtzehnten Jahrhundert vollkommen üblich gewesen war, die Zutaten für ein Picknick – und sogar die Gäste – mit Eseln zum hinteren Ufer des großen Sees zu bringen, um den der Park angelegt war, und dass die Anwesenheit einer Eselin jedem heutigen Besucher den Park nur umso reizvoller erscheinen lassen würde. Damit hatte er natürlich Recht, und als er in seiner Schottenhose und mit dem großen weißen Schirm in der Hand dort entlangspazierte, an seiner Seite Mr B, der den Arm um Pawlowas Hals gelegt hatte, und begleitet von Mrs B und Olga in langen weißen Kleidern und großen Hüten im Stil des achtzehnten Jahrhunderts, hielten die meisten anderen Besucher sie für Schauspieler aus Shakespeares *Mittsommernachtstraum* und konnten sich nicht verkneifen, sie zu fotografieren. Sogar die Hündinnen durften an diesem zauberhaften Tag im schönsten aller Parks umherlaufen – mit Sondergenehmigung und den üblichen Vereinbarungen, was Missgeschicke betraf –, und Pawlowa benahm sich so elegant wie eine Primaballerina.

Ihr längster Ausflug führte sie nach Schottland, zu Verwandten von Hector, die zwei von den drei Nachnamen mit ihm gemeinsam hatten. Es war um Mittsommer herum, zu der Zeit, wenn die Nächte am kürzesten und die Tage am längsten sind – vor allem in Schottland –, und Hector und Olga verbrachten die Nacht davor in Wimbledon, damit sie sich alle zusammen um halb fünf Uhr morgens in den Rolls-Royce quetschen und Richtung Norden aufmachen konnten, bevor sich die üblichen Staus rund um London bildeten. Am späten Nachmittag erreichten sie ihr Ziel, ein großes Schloss aus grauem Stein mit allerlei Türmchen, das an einem See – einem so genannten Loch – stand, umrahmt von hohen Tannen, die es vor dem Nordwind schützten. Dort wurden sie begrüßt von einer ganzen Familie in Schottenröcken und mit karierten Wolldecken über der Schulter und – oh Schreck – einem Dudelsackspieler, dessen Musik Pawlowa so erschreckte, dass er sofort verbannt werden musste. Pawlowa ließ den Kopf hängen und schüttelte ihn eine ganze Weile immer wieder, als müsste sie ihre Ohren von dem Lärm befreien, so wie sie sich Wasser aus den Ohren geschüttelt hätte, wäre sie in den Loch gefallen.

»Solange ihr hier seid«, sagte ihr Gastgeber, »werden wir so tun, als wäre dies Schloss Balmoral und Pawlowa die Königin. Wir haben eine kleine Krone für sie gebastelt und ein Sofa in den Speisesaal geräumt, damit sie bei jeder Mahlzeit zusammen mit ihren Hunden am Kopfende des Tisches residieren kann.« Und so war Pawlowa

tatsächlich für eine ganze lange Woche die Königin, und
das gesamte Tagesprogramm wurde nach ihren Inter-
essen ausgerichtet. Am ersten Morgen brachte man ihr
zum Frühstück milchigen Haferbrei in einer riesigen
silbernen Terrine – der größten, die jemals hergestellt
wurde, ein Gefäß, das nicht nur außergewöhnlich, sondern einzigartig war, angefertigt von Alexander Reid,
einem Silberschmied aus Edinburgh, und zwar im Jahr
1689, jenem Jahr, als der letzte König von England und
Schottland aus dem Hause Stuart von seinem Thron
vertrieben wurde. Sie wog einhundertdreiundzwanzig
Unzen (Silber wird stets in Unzen bemessen), und es
passte eine enorme Menge Haferbrei hinein. Pawlowa
verliebte sich sofort darin – in den Haferbrei –, und die

Hunde ebenfalls, denn sie leckten erst ihr Maul ab, an dem noch Kleckse davon hingen, und dann sämtliche Reste aus der Terrine.

An den meisten Tagen stiegen die Menschen auf verschlafene alte Pferde und ritten über Hügel, durch Wälder und hinaus ins Moor. Pawlowa mit ihrem Krönchen wirkte dazwischen winzig, aber die Pferde nahmen Rücksicht auf sie, drängten sie nicht beiseite und passten sich ihrem Schritt an. Über die Heide zu laufen war mühsam für Carrington, die Windhündin, deshalb legte Mr B eine von den Picknickdecken vor seinen Sattel und baute eine Art Nest daraus, in dem sie sich zusammenrollte und, hin und her gewiegt vom Schritt des Pferdes, beinahe einschlief. Sie ruderten in einem Boot über den Loch, Pawlowa auf der breiten Bank im Heck, und Hector sang *Loch Lomond* und *Over the Sea to Skye*, während Mr B mit *The Owl and the Pussycat Went to Sea* dagegenzuhalten versuchte, obwohl er sich weder an den Text noch an die Melodie so recht erinnern konnte – oder daran, ob es überhaupt eine Melodie dazu gab. An einem anderen Tag kamen ein paar schottische Tänzer, um sie zu unterhalten, begleitet von flinken Fiedeln statt eines Dudelsacks. Anfangs schien Pawlowa Gefallen an ihrem Hüpfen und Wirbeln zu finden, sie sprang sogar auf die Hufe, um das Ganze besser verfolgen zu können, doch nach einer Weile zog sie sich unauffällig zur Tür zurück, verließ den Saal und kam erst zurück, als die Musik und die Anfeuerungsrufe verstummt waren und Whiskey und eckige Butterkekse gereicht wurden.

Doch schließlich kam der Tag, an dem sie erneut in aller Frühe aufstehen und sich auf den Heimweg machen mussten, und es gab Umarmungen und Tränen, denn selbst das Herz kühler Schotten kann dem Charme einer wohlerzogenen Eselin nicht widerstehen. Eigentlich hätte Pawlowa ihr Krönchen zurückgeben sollen – ein hübsches Ding aus gebogenem Silberdraht, das ein Schmied aus der Gegend angefertigt hatte –, aber Hectors Verwandte bestanden darauf, dass sie es behalten sollte, denn es würde ohnehin auf keinen Menschenkopf passen.

Der einzige spektakuläre Reinfall bei all diesen Unternehmungen ereignete sich, als Mr B aus einer Laune heraus allein mit Pawlowa nach Golders Green fuhr. Der Grund dafür war, dass er ihr das Haus zeigen wollte, in dem ihre Namensvetterin gelebt hatte, die berühmte Ballerina Anna Pawlowa, die Mr B sofort eingefallen war, als er die kleine langbeinige Eselin zum ersten Mal in Peschawar erblickt hatte. Dort in Ivy House, das, wie sein Name erraten lässt, von Efeu überwuchert war, hatte sie mit einer Menagerie von Schwänen, Flamingos und anderen eleganten Vögeln gelebt, weil sie hoffte, von ihnen etwas über die Bewegungen des Tanzes zu lernen. Doch Mr B fuhr unvorbereitet dorthin. Er war als kleiner Junge zuletzt in dem Haus gewesen, und in seiner Erinnerung sah es immer noch so aus wie damals, mit all den schönen Vögeln und einer ganzen Anzahl anderer kuscheliger Tiere, aber seither war es ein Sanatorium für Kriegsversehrte gewesen, dann eine Fakultät der königlichen Musikakademie, eine polytechnische Hochschule, und schließlich war (was Mr B nicht wusste) ein religiöses und kulturelles Zentrum dort eingezogen. Mit Hector und dem Rolls-Royce wäre Mr B am

Tor sicher freundlich empfangen worden, aber er hatte die arme Pawlowa hinten in den Honda gezwängt, der sonst als Hundeauto diente und entsprechend schmutzig war, mit lauter Schnauzenspuren an den Scheiben und Bergen von Hundehaaren in den Polstern. Für die Hunde war der Honda groß genug, aber Pawlowa konnte weder darin stehen noch sich umdrehen, und sie konnte es kaum erwarten hinauszukommen, als Mr B beinahe ebenso schwungvoll wie Hector in die Einfahrt rauschte. Er hatte die Heckklappe bereits geöffnet und war gerade dabei, Pawlowa herauszuheben, als sich ein drohender Schatten über ihn breitete. »Esel sind hier nicht erlaubt«, sagte der Schatten. Er gehörte zu einem Mann in Uniform, der doppelt so groß und so breit war wie Mr B. »Auch keine Pferde, Hunde oder Krokodile.« »Aber –«, setzte Mr B an. »Und auch keine Abers«, sagte der Mann. »Aber das hier ist Pawlowa«, beharrte Mr B, woraufhin der Schatten – der offensichtlich noch nie etwas von irgendeiner Pawlowa gehört hatte – seine gewaltige Augenbraue hochzog, sich zu Mr Bs linkem Ohr hinunterbeugte und in einem drohenden Flüsterton sagte, Mr B solle die Klappe halten, seinen verdammten Esel zurück ins Auto packen, sich wieder hinters Steuer setzen und die Biege machen, und zwar ein bisschen dalli. Woraufhin Mr B tat, was man ihm nahegelegt hatte, und nie wieder einen Fuß nach Golders Green setzte. Im Village hingegen, dem Teil von Wimbledon, der direkt an den großen Park grenzt, wurde Pawlowa ein vertrauter Anblick. Die alten Damen, die das Antiquitätengeschäft führten, begrüßten sie stets mit Süßigkeiten und Kuchen – nicht ganz so köstlich wie die in

Kahramanmaraş, aber durchaus nicht zu verachten. In einem der Pferdeställe war sie ein gern gesehener Gast, und der reisende Hufschmied schnitt und hobelte ihr die Hufe, wenn es nötig war. Beim Tierarzt war sie als Patientin in der Kartei, aber er brauchte nichts weiter zu tun, als ihr Herz abzuhören und nach ihren Zähnen zu sehen, denn ob es einem Esel im Alter gut geht, hängt vor allem von seinen Zähnen ab, die bis an sein Lebensende weiterwachsen und schief werden können oder so scharf, dass er sich die Zunge daran verletzt. Und obgleich Pawlowa Muskeln bekommen und ein wenig zugenommen hatte, so dass sie nicht mehr wie eine herrenlose Streunerin aussah, blieb sie eine kleine Eselin, zierlich und elegant, ein perfektes Beispiel ihrer Rasse, einer Unterart des Asiatischen Esels.

Im Sommer, wenn alle Türen offen standen, kam sie oft ins Haus, vor allem wenn Mr B Besuch hatte; und wenn Hector und Olga zum Mittag- oder Abendessen kamen (was sie häufig taten), wurde Pawlowa, sommers wie winters und ganz gleich, wie das Wetter war, ins Wohnzimmer eingeladen, wo sie sich überall niederlassen durfte, auch auf den edlen Teppichen, die Mr B zusammen mit ihr in Isfahan gekauft hatte. Doch eines Tages kamen Hector und Olga nicht mehr, denn er hatte in den österreichischen Alpen – genau dort, wo er mit Pawlowa und Mr B so vorsichtig gefahren war – schließlich doch zu viel Gas gegeben, eine Haarnadelkurve falsch eingeschätzt und war kopfüber in die Schlucht gestürzt. Mit traurigem Lächeln dachte Mr B an den Rat, den Hector einst von seinem Onkel bekommen hatte, seine Autos stets in Grund und Boden zu fahren, denn genau das hatte er nun getan. Er und Olga mussten sofort tot gewesen sein, berichteten die österreichischen Polizeibeamten – und dass sie zu ihrer Überraschung eine stattliche und vollkommen unversehrte Sammlung von wertvollen Büchern und Handschriften im Kofferraum gefunden hatten.

Mr B dachte noch oft an Hector, seinen Einfallsreichtum und den Rolls-Royce. Ohne Hector hätte er womöglich wirklich zu Fuß nach Hause gehen müssen – und das sehr langsam, denn Pawlowa war damals ja noch klein und schnell erschöpft. Ohne Hector wäre die Reise viel länger und viel komplizierter gewesen. Ohne Hector hätte es keine Schlaftablette gegeben und keine einfache Möglichkeit, sie über den Ärmelkanal zu schmuggeln. Ohne Hector hätte er es vielleicht niemals geschafft, Pawlowa nach Hause zu bringen – viele Jahre lang hatte Mr B immer wieder Alpträume, in denen Beamte des Ministeriums für Landwirtschaft an seine Tür pochten und verlangten, dass er die Eselin aushändigte, weil sie unerlaubt in das Land gekommen war. Aus diesem Grund ließ er, wenn er die Geschichte von Pawlowas Rettung erzählte, die Episode mit der Schlaftablette und der Schmuggelei diskret unter den Tisch fallen und tat stets so, als hätte er die nötigen Papiere und Gesundheitszeugnisse gehabt (ohne zu erklären, wie er daran gekommen war). Und je öfter er die Geschichte erzählte, desto mehr bedauerte er seltsamerweise, dass er nicht tatsächlich den ganzen Weg von Peschawar zu Fuß zurückgelegt hatte – dass er nicht die Extreme von Kälte und Hitze erlebt, nicht die Schmerzen des Wanderers erlitten hatte, der einen ganzen Kontinent durchqueren muss, dass er nicht gespürt hatte, wie ihm die Schuhe oder Stiefel an den Füßen zerfielen, und dass er nicht unterwegs hatte innehalten, den Blick schweifen lassen und darüber nachsinnen können, wie Alexander der Große seine griechische Armee in die entgegengesetzte Richtung geführt hatte. Wäre er zu Fuß gegangen, hätte er vielleicht mehr über den jungen Albrecht Dürer und den weisen Pieter Bruegel und ihre Reisen gen Süden und zurück nachdenken können? Wäre er, genau wie sie, vielleicht über die Donau und den Rhein gefahren? Als er daran dachte, fiel ihm ein, dass er den ganzen Weg vom Schwarzen Meer bis ins Herz Europas mit einem Boot auf der Donau hätte zurücklegen können, durch das Eiserne Tor, das die Grenze zwischen dem einstigen Jugoslawien und Rumänien bildet, vorbei an Budapest und Wien, Linz und Regensburg bis nach Ulm, wo die Donau über einen Kanal mit dem

Rhein verbunden ist. Und er stellte sich vor, wie er sich in einem Boot von der Strömung des mächtigen Flusses nach Norden tragen ließ, durch eine der romantischsten Landschaften Europas, bis in die Niederlande und an die Nordsee – die Route, der Bruegel vermutlich gefolgt

war. Diese Reise muss ich eines Tages nachholen, dachte Mr B, doch wie es so geschieht, wenn ein Mann nicht mehr jung ist und es immer allerlei anderes zu tun gibt, tat er es dann doch nicht.

Die Jahre zogen ins Land. Carrington, Kahlo und Kollwitz starben. Dafür kamen andere Gefährtinnen: immer eine Windhündin, eine Schäferhündin und ein Mischling, und beinahe gingen Mr B die Namen für sie aus. Einige wurden Pawlowas enge Freundinnen und schliefen ebenso oft bei ihr im Stall wie in Mr Bs Bett, wo alle Hunde stets willkommen waren. Eines Tages, als Mr B sich ein wenig alt und schwach fühlte (was er ja mittlerweile auch war), spazierte er nur mit Pawlowa zum Park – ohne die Hündinnen, nicht einmal seine Schäferhündin durfte mit –, doch auf halbem Weg dorthin blieb sie plötzlich stehen und weigerte sich, auch nur einen Schritt weiterzugehen. Also ging er stattdessen mit ihr zum Tierarzt. »Krank scheint sie nicht zu sein«, sagte der weise Mann. »Aber vielleicht ist der Park jetzt zu viel für sie? Wie alt sie denn?« »Irgendwas zwischen fünfundzwanzig und dreißig«, sagte Mr B, der nicht so genau wusste, welches Jahr gerade war, und mit dem Rechnen noch größere Schwierigkeiten hatte als zuvor. »Na bitte. Sie braucht einfach nur ein ruhigeres Leben.« Und wenn er ehrlich war, traf das auch auf Mr B zu, denn er war nun bald achtzig, und oft hätte es ihm genügt, ein wenig durch den Garten zu spazieren. Nach und nach übernahmen jüngere Freunde das Ausführen der Hunde, von denen er jetzt fünf besaß, weil der Tierarzt ihn gebeten hatte, eine weitere Windhündin und eine Boxerhündin aufzunehmen, deren Besitzer ins

Ausland ging und sie deshalb einschläfern lassen wollte. Während die Hunde im Park tobten, begab sich Mr B mit Pawlowa, an die er sich nun seinerseits lehnte, wie sie es früher bei ihm gemacht hatte, und vielleicht einer älteren Hündin in den Garten, schlenderte in alle vier Ecken und umrundete gemächlich den Teich, sofern jemand die überhängenden Zweige am hinteren Ufer zurückgeschnitten hatte. Dabei pflückte er gelegentlich eine abgeknickte Blume, klopfte mit dem Stock gegen die Holzstapel, in denen allerlei interessante Insekten hausten, stellte fest, dass die Eichhörnchen sämtliche reifen Trauben am wilden Wein gefuttert hatten, und nahm sich immer wieder vor, den Baumpfleger anzurufen, denn aus manchen dünnen Zweigen waren schwere, mächtige Äste geworden, die nun im Weg hingen – doch sobald er wieder im Haus war, vergaß er es jedes Mal.

Am Morgen eines vierten Oktober, dem Tag des heiligen Franziskus, den viele als Schutzheiligen der Tiere ansehen, fühlte sich Mr B zu schwach, um aufzustehen. So wie der Tierarzt ein oder zwei Jahre zuvor gemeint hatte, Pawlowa fehle nichts, konnte nun auch der Hausarzt bei Mr B nichts feststellen. »Er ist müde«, sagte er zu den besorgten Freunden und Mrs B. »Lassen Sie ihn schlafen. Geben Sie ihm Gutes zu essen. Und sorgen Sie dafür, dass er viel trinkt.« Und das taten sie, denn der vierte Oktober ist traditionsgemäß auch der Tag, an dem die geernteten Äpfel und Birnen zu Cider und Perry verarbeitet werden, und so brachten sie ihm den besten von beidem, obwohl der Arzt sicher nicht gemeint hatte, dass sie ihm einen Schwips verpassen sollten.

Außerdem brachten sie Pawlowa zu ihm. Sie legten ihr das Schaffell und die Satteltaschen auf den Rücken, die er ihr vor langer Zeit in Pakistan gekauft hatte, fanden sogar ihren alten Strohhut wieder und bestückten die Satteltaschen mit Pfirsichen und Birnen, saftigen, reifen Feigen, Granatäpfeln und den süßesten goldenen Weintrauben, die sie finden konnten; und sie stand ganz still neben seinem Bett, als er sich mühsam aufrichtete, um zu sehen, was sie ihm gebracht hatte. Er pflückte sich ein, zwei Trauben und gab ihr die übrigen mit der flachen Hand. Er aß vielleicht ein Viertel von einer Feige, den Rest und noch eine ganze überließ er ebenfalls seiner Pawlowa. Drei Kerne eines Granatapfels folgten (damit Granatäpfel süß sind, sollten sie am Baum reifen, bis sie aufplatzen und kurz vorm Herunterfallen sind), und die Eselin bekam den Rest. Es war eine hübsche Pantomime.

In jener Nacht, zur dunkelsten Stunde, wachte Pawlowa auf und riss die beiden Windhündinnen, die an ihren Bauch geschmiegt lagen, aus dem Schlaf. Eine ganze Weile stand sie reglos da, mit gespitzten Ohren und geblähten Nüstern, die Nase schnuppernd in die kalte Luft gehoben. Und dann iahte sie. Es war nicht der leise Willkommenslaut, den sie von sich gab, wenn sie Mr Bs Auto kommen hörte oder eine der Hündinnen sie überraschend im Stall besuchte, sondern ein wiederholter klagender Schrei, der laut genug war, um den ganzen Haushalt zu wecken. Alle kamen herbeigelaufen – außer Mr B natürlich –, und niemand dachte über seine Abwesenheit nach, bis Pawlowa aufhörte zu schreien und sich wieder mit den Hunden auf dem Sofa niederließ. Erst auf dem Weg zurück ins Bett kam einer der Freunde auf den Gedanken nachzusehen, ob der alte Mr B etwas von dem Tohuwabohu mitbekommen hatte. Doch auf die leise Frage: »Bist du wach?« blieb alles still, und als der Freund hineinging, um nachzusehen, war die Hand auf der Decke kalt. Ganz leise verließ er das Zimmer wieder und beschloss, Mrs B nach dem Aufruhr mit Pawlowa nicht noch einmal zu stören, sondern sie in Ruhe schlafen zu lassen. Am nächsten Morgen würde sie ihren Mann finden, und dann konnte sie noch eine Weile allein und ungestört seine Hand halten. Genau das tat sie auch, und dann rief sie den Arzt, der ganz und gar nicht überrascht war. Als Todeszeitpunkt trug er, obwohl er von Pawlowas nächtlichem Ausbruch nichts wusste, genau den Moment ein, als sie ihren ersten kummervollen Schrei über den Tod ihres Herrn ausgestoßen hatte.

Die Hunde trauerten, wie sie es immer tun, wenn diejenigen, die sie lieben, sterben, und Pawlowa tat dasselbe – aber bei ihr ging es tiefer; sie weigerte sich zu fressen und mochte kaum noch ihren Stall verlassen. »Sie ist sehr alt«, sagte der Tierarzt, ein junger Nachfolger seines Vorgängers, der noch nie einen Esel behandelt hatte. Tatsächlich hatten alle vergessen, wie alt sie nun wirklich war, und niemand war auf die Idee gekommen, Mr Bs Tagebuch aus dem Jahr zu lesen, in dem er die abenteuerliche Reise von Pakistan nach Wimbledon unternommen hatte. Etwa drei Wochen später, in den ersten Stunden des Tages, der dem heiligen Judas gewidmet ist, dem Schutzheiligen aussichtsloser Fälle, wurde der Haushalt erneut aus dem Schlaf gerissen, diesmal vom Geheul der Windhündinnen. Windhunde haben zwar keine besonders laute Stimme und benutzen sie auch nicht oft, aber zwei sind doppelt so laut wie

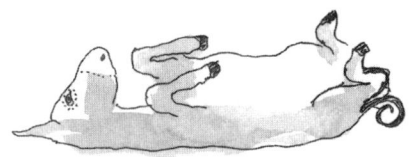

einer, so dass ihre Alarmrufe aus dem Stall schließlich gehört wurden. Beide hatten wie immer zusammengerollt an Pawlowas warmem, weichem Bauch geschlafen, doch dann war erst die eine fröstelnd aufgewacht, dann die andere, und beide hatten sofort verstanden, warum ihnen kalt war. Der junge Tierarzt meinte, sie sei an Altersschwäche gestorben, und dreißig sei doch ein gutes Alter für eine Eselin. Doch die beiden Windhündinnen, ihre engsten Freundinnen, wussten es besser. Sie wussten, dass Pawlowa vor Kummer gestorben war.

Nach den Trauerfeierlichkeiten – Mr B war im örtlichen Krematorium in einer Rauchwolke aufgegangen, dann hatte man Pawlowa zusammen mit seiner Asche im Garten begraben und eine junge Eibe auf ihrem Grab gepflanzt – griff Mrs B nach ihrem Füller, schlug Mr Bs altes Tagebuch von vor dreißig Jahren auf und begann zu schreiben:

>>Mr B, ein drahtiger kleiner Mann von
fünfzig Jahren mit weißem Haar ...<<